처음부터 시작하는

▶ 어션영어의

진짜
기초
영어

동양북스

처음부터 시작하는
▶ 어션영어의
진짜
기초
영어

초판 1쇄 발행 | 2020년 9월 1일
초판 19쇄 발행 | 2025년 1월 10일

지은이 | 어션
발행인 | 김태웅
기획 편집 | 황준
내지 디자인 | 방혜자
마케팅 총괄 | 김철영
제 작 | 현대순

발행처 | (주)동양북스
등 록 | 제 2014-000055호
주 소 | 서울시 마포구 동교로22길 14 (04030)
구입문의 | 전화 (02)337-1737   팩스 (02)334-6624
내용문의 | 전화 (02)337-1763   dybooks2@gmail.com

ISBN 979-11-5768-644-5 13740

이 도서의 국립중앙도서관 출판예정도서목록(CIP)은 서지정보유통지원시스템 홈페이지(http://seoji.nl.go.kr)와
국가자료공동목록시스템(http://kolis-net.nl.go.kr)에서 이용하실 수 있습니다.
(CIP제어번호:CIP2020029505)

머리말

안녕하세요?

유튜브에서 〈어션영어BasicEnglish〉채널을 운영하고 있는 기초영어 강사 어션입니다.

지난 10년간 기초 영어회화를 가르치면서 정말 많은 분들이 쉬운 기초영어에 대한 배움의 갈증을 느끼고 있다는 것을 알게 되었습니다. 현장에서 봤을 때, 일반 영어학원에서 진행되는 대부분의 강의는 처음 영어 학습을 하는 분들이 따라가기에 버거운 경우가 많았고, 그래서 어떻게 하면 그분들이 즐거운 마음으로 어렵지 않게 기초부터 하나씩 학습하실 수 있을지 고민했습니다. 저는 고민 끝에 유튜브 채널을 만들게 되었고, 2018년 11월부터 지금까지 기초영어가 필요한 분들이면 누구나 보실 수 있도록 제 지식과 노하우를 유튜브 채널에 공유하고 있습니다.

이번에는 기초영어를 제대로 학습하시고 싶은 분들에게 유튜브 채널이 아닌 책으로 제 지식과 노하우를 전달할 수 있는 기회가 생겼습니다. 어션영어의 첫 번째 책인 만큼 영어를 처음 학습하시는 분들께 필요한 내용 중심으로 구성하였습니다. 또한 누구나 쉽게 따라 하실 수 있도록 글씨를 눈에 잘 띄도록 크게 표시하였고, 영어 발음과 가장 유사한 한글 발음을 표기하여 정확한 발음을 연습할 수 있도록 하였습니다.

의사소통이 목적인 영어 학습에는 어려운 표현보다 자주 쓸 수 있는 표현을 학습하는 것이 정말 중요합니다. 그래서 일상생활에서 자주 쓰이는 필수 단어와 영어표현을 준비하였습니다. 그리고 모국어가 아직 자리잡히지 않은 어린아이들의 영어학습과는 달리, 성인들의 영어 학습에는 기본적인 틀을 제대로 갖추는 것이 효과적이며 필수라고 해도 과언이 아니기 때문에 가장 중요한 뼈대가 되는 문장 구조를 예문을 통해 비교적 쉽게 학습하실 수 있게 구성했습니다. 이와 더불어 책으로 혼자 학습하시는 분들의 이해를 돕고자 책의 내용은 〈어션영어BasicEnglish〉유튜브 채널에서 동영상 강의로도 보실 수 있게 하였습니다.

이 책이 영어를 처음 학습하시는 분들의 든든한 동반자가 되었으면 합니다. 책에서 다루는 다양한 문장들을 듣고 따라 말해보면서 영어의 기초를 제대로 학습하고 동시에, 영어에 대한 흥미도 느끼시길 진심으로 바랍니다. 영어가 여러분의 삶에 또 하나의 활력소가 되길 기대합니다. 감사합니다.

영어강사 어션

이 책의 구성과 학습법

왕초보 과정에서 실전 회화 과정까지!

알파벳과 파닉스를 중심으로 단어와 문법 용어들이 익숙해지는 **왕초보 과정**,
be동사와 일반동사를 가지고 '나'에 대해 말해 보는 **초보 과정**,
나뿐만 아니라 주변에 대해서도 말해 보는 **기초 과정**,
영어로 대화를 할 수 있도록 대화문을 익히는 **실전 회화 과정**까지.
네 가지 과정을 통해 영어의 기초를 차근차근 쌓을 수 있도록 방법을 제시합니다.

기본적인 영어 문장의 틀 세우기

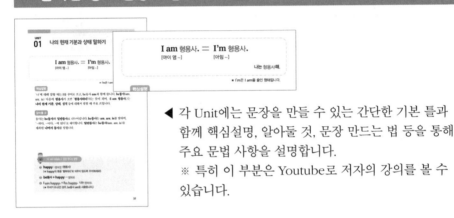

◀ 각 Unit에는 문장을 만들 수 있는 간단한 기본 틀과
함께 핵심설명, 알아둘 것, 문장 만드는 법 등을 통해
주요 문법 사항을 설명합니다.
※ 특히 이 부분은 Youtube로 저자의 강의를 볼 수
있습니다.

자주 쓰이는 단어와 영어 표현 익히기

▼ **STEP 1** 일상생활에서 자주 쓰는 필수 단어와 영어 표현을 제시합니다.
MP3 음원으로 영어 발음을 확인하며 5번 이상 따라하세요.

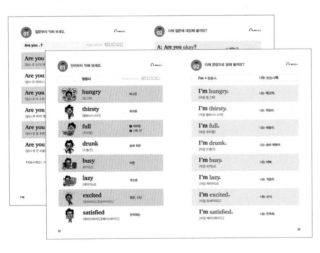

◀ **STEP 2** 앞서 학습한
단어와 영어표현을
가지고 Unit에서
강조한 문장을 만들고
대화하며 유용한
표현을 익힙니다.

배운 문장 말해 보기

◀ **STEP 3** 초보/기초 과정에서는 간단한 문장이라도 혼자서 말할 수 있는 것이 중요합니다.
앞에서 배운 문장이 입에서 자연스럽게 나오는지 확인합니다.

더 알아보기

◀ **Plus & 부록** 본문에서 자세히 다루지 못했거나 설명이 부족했던 부분들을 정리하여 기본을 확실하게 다질 수 있도록 하였습니다.

어션영어 유튜브 강의 & MP3 무료 다운로드

본 교재는 혼자 학습하시는 분들이 좀 더 쉽게 학습하실 수 있도록 저자 어션 선생님의 Youtube 채널 '어션영어BasicEnglish'에서 동영상 강의를 제공하고 있습니다. 교재와 함께 저자의 목소리로 설명과 예문을 직접 듣고 배우며 보다 효과적인 영어 학습을 해 보세요.
또 정확한 영어 발음을 익힐 수 있도록 동양북스 홈페이지에서 MP3를 무료로 제공하고 있습니다.

MP3 다운로드 | www.dongyangbooks.com

어션영어 바로가기
www.youtube.com/c/어션영어BasicEnglish

CONTENTS

Chapter 02 일반동사로 '나'에 대해 말하기

Part 02 기초 과정

Chapter 03 주어 바꿔 말하기

Part 03 실전 회화 과정

Chapter 04   의문사 없이 질문하고 대답하기 ㅣ Yes/No 대답

INTRO

왕초보 과정

01 알파벳 익히기

한글에 ㄱ, ㄴ, ㄷ, ㄹ...과 같은 문자가 있는 것처럼 **영어**에는 **알파벳**이라고 불리는 **26개**의 문자가 있으며, 이는 **대문자**와 **소문자**로 나누어집니다.

영어로 글을 쓸 때는 일반적으로 소문자로 쓰지만, **문장의 시작, 나(I), 사람, 나라, 도시** 등 고유한 것의 이름을 나타내는 단어의 **첫 글자**는 **대문자**로 표기합니다.

알파벳을 소리 내어 읽으며 모양과 이름을 익혀 보세요. ▶

A a	B b	C c	D d
에이	비-	씨-	디-
E e	F f	G g	H h
E- (이-)	에프(f)	쥐-	에이취
I i	J j	K k	L l
아이	제이	케이	엘
M m	N n	O o	P p
엠	엔	오(우)	피-
Q q	R r	S s	T t
큐-	알(r)-	에쓰	티-
U u	V v	W w	X x
유-	뷔-	더블유-	엑쓰
Y y	Z z		
와이	지(z)-		

02 한글로 쉽게 배우는 영어 발음 (파닉스)

▶ 영어의 알파벳은 아래와 같이 다양한 발음이 날 수 있어요.

	A a	E e	I i	O o	U u
모음	[애] [에이] [아] [오][어]	[이(E)] [에] [어]	[아이] [이] [어]	[오(우)] [어] [아] [우][으]	[어] [우] [유] [이]
	oo	**W w (반자음)**		**Y y (반자음)**	
	[우-] [어]	[워] [와] [위] [웨] [웨이] [우]		[야] [예] [유] [요(우)] [이] [아이]	

	B b	C c	D d	F f	G g
자음	[ㅂ]	[ㅋ] [ㅆ]	[ㄷ]	[ㅍ(f)]	[ㄱ] [ㅈ]
	H h	**J j**	**K k**	**L l**	**M m**
	[ㅎ] [묵음]	[ㅈ]	[ㅋ] [묵음]	[ㄹ] [ㄹㄹ]	[ㅁ]
	N n	**P p**	**Q q**	**R r**	**S s**
	[ㄴ]	[ㅍ]	[ㅋ]	[ㄹ(r)]	[ㅅ] [ㅆ] [ㅈ(z)]
	T t	**V v**	**X x**		**Z z**
	[ㅌ] [ㄹ]	[ㅂ(v)]	[ㅋㅅ] [ㅈ] [ㄱㅈ] [ㅆ]		[ㅈ(z)]
	ch	**sh**	**ph**	**th**	
	[ㅊ] [ㅋ] [ㅅ]	[ㅅ]	[ㅍ(f)]	[ㄸ(th)] [ㄷ(th)]	

＊반자음 : y, w와 같은 이중 모음의 첫소리

14

A a 에이	[애]		**apple** 사과 [애플][애쁠]
	[에이]		**age** 나이 [에이쥐]
	[아]		**car** 자동차 [칼(r)-]
	[오] [어]		**salt** 소금 [쏠-트][썰-트]
E e E- (이-)	[이(E)]		**enjoy** ~을 즐기다 [인죠이]
	[에]		**egg** 달걀, 알 [에그]
	[어]	Before VS After VS	**after** ~ 후에 [애프(f)털(r)]

I i 아이	[아이]	**ice** 얼음 [아이쓰]
	[이]	**inside** 안, 내부 [인싸이드]
	[어]	**holiday** (공)휴일, 명절 [할러데이][홀러데이]
O o 오(우)	[오(우)]	**open** 열다, 열려 있는 [오(우)픈][오(우)쁜]
	[어]	**lion** 사자 [라이언]
	[아]	**not** ~ 아니다 [낱]
	[우] [으]	**to** ~에, ~로 [투]

U u 유-	[어]		**sun** 해, 태양 [썬]
	[우]		**put** ~을 놓다 [풀][푸ㅌ]
	[유]		**use** ~을 사용하다 [유-즈(z)]
	[이]		**business** 비즈니스, 사업 [비즈(z)니쓰]
oo	[우-]		**moon** 달 [문-]
	[어]		**blood** 피, 혈액 [블러드]

W w 더블유-	[워]		**want** ~을 원하다 [원(트)]
	[와]		**watch** 손목시계, ~을 보다 [와-취][와-ㅊ]
	[위]		**we** 우리(들) [위]
	[웨]		**welcome** 환영하다 [웰컴]
	[웨이]		**wave** 파도 [웨이브(v)]
	[우]		**wolf** 늑대 [울프(f)]

Y y 와이	[야]		**yard** 마당, 정원 [얄-드]
	[예]		**yes** 네, 그래요 [예쓰]
	[유]		**you** 너, 너희들, 여러분 [유]
	[요(우)]		**yogurt** 요구르트 [요(우)걸(r)트]
	[이]		**sunny** 화창한, 맑은 [써니]
	[아이]		**my** 나의 [마이]

B b 비-	[ㅂ]	**baby** 아기 [베이비]
C c 씨-	[ㅋ]	**cat** 고양이 [캩][캐ㅌ]
	[ㅆ]	**city** 도시 [씨리][씨티]
D d 디-	[ㄷ]	**desk** 책상 [데스크]
F f 에프(f)	[ㅍ(f)]	**fish** 물고기, 생선 [퓌(f)쉬]
G g 쥐-	[ㄱ]	**gift** 선물, 재능 [기프(f)ㅌ]
	[ㅈ]	**Germany** 독일 [졀(r)-머니]

H h 에이취	[ㅎ]		**happy** 행복한 [해피]
	[묵음]		**honest** 정직한 [어-니스트]
J j 제이	[ㅈ]		**job** 직업, 일 [좝-]
K k 케이	[ㅋ]		**key** 열쇠, 키 [키-]
	[묵음]		**know** ~을 알다 [노우]
L l 엘	[ㄹ]		**lunch** 점심식사 [런취][런 ㅊ]
	[ㄹ ㄹ]		**global** 세계적인 [글로(우)블]

M m 엠	[ㅁ]		**money** 돈 [머니]
N n 엔	[ㄴ]		**name** 이름 [네임]
P p 피-	[ㅍ]		**park** 공원, 주차하다 [팔(r)-크]
Q q 큐-	[ㅋ]		**question** 질문 [퀘스쳔]
R r 알(r)-	[ㄹ(r)]		**rain** 비, 비가 오다 [뤠(r)인]

S s 에쓰	[ㅅ]	**school** 학교 [스쿨-][쓰꿀-]
	[ㅆ]	**sad** 슬픈 [쌔드]
	[ㅈ(z)]	**busy** 바쁜 [비지(z)]
T t 티-	[ㅌ]	**tennis** 테니스 [테니스]
	[ㄹ]	**water** 물 [워-럴(r)][워-터]

V v 뷔-	[ㅂ(v)]		**visit** ~을 방문하다 [뷔지(트)][뷔짙]
X x 엑쓰	[ㅋㅅ]		**extreme** 극도의, 극한의 [익스트륌-]
	[ㄱㅈ]		**exam** 시험 [E그젬]
	[ㅈ]		**xylophone** 실로폰 [자(z)일러포(f)운]
	[ㅆ]		**taxi** 택시 [택씨]
Z z 지(z)-	[ㅈ(z)]		**zoo** 동물원 [쥬(z)-]

ch	[ㅊ]		**chair** 의자 [체얼(r)]
	[ㅋ]		**Christmas** 크리스마스 [크뤼쓰머쓰]
	[ㅅ]		**chef** 요리사, 주방장 [쉐프(f)]
sh	[ㅅ]		**she** 그녀 [쉬]
ph	[ㅍ(f)]		**phone** 전화기 [폰(f)-][포(f)운]
th	[ㄸ(th)]		**think** 생각하다 [띵(th)크]
	[ㄷ(th)]		**they** 그들, 그것들 [데(th)이]

03   반드시 기억해야 하는 기초 문법 4가지

1 반드시 기억해야 하는 영어 문장구조

주어 + 동사

주어가 동사한다.

- 영어에서 **대부분의 문장**은 **주어**와 **동사**로 시작합니다!
- **주어**는 문장의 주체가 되는 말, 즉 문장의 주인공을 말합니다.
  주어는 **명사 자리**로 명사만 문장의 **주인공**이 될 수 있습니다.

2 반드시 알아야 할 용어

① **명사** : 사람, 사물, 나라 등 **이름**을 나타내는 말
   예 Tom(남자 이름), a cup(컵), Korea(한국)

② **동사** : 움직임, 행동을 나타내는 말 (**～하다**)
   예 go(가다), eat(먹다), love(사랑하다)

③ **형용사** : 주로 '**～ㄴ**', '**～한**', '**～의**'로 해석되는 말
   예 good(좋은), happy(행복한), sad(슬픈)

④ **부사** : **부가적 설명**을 덧붙여주는 말
   예 well(잘), slowly(천천히)

⑤ **전치사 + 명사** : 전치사는 명사와 함께 쓰여 주로 **부가적 설명**을 하는 말
   예 at 7(7시에), in Seoul(서울에서)

3 주어 자리에 자주 쓰이는 명사

I [아이]	나, 저	**He** [히]	그 (남자 1명)
You [유]	너, 당신 (1명)	**She** [쉬]	그녀 (여자 1명)
	너희들, 당신들 (2명 이상)	**It** [잍]	그것 (주로 사물 1개)
We [위]	우리(들) 저희(들)	**This** [디(th)쓰]	이것 (사물)
			이분, 이 사람 (사람)
They [데(th)이]	그들 (사람) 그것들 (사물)	**That** [댙(th)]	저것 (사물)
			저분, 저 사람 (사람)

4 주어에 따라 바뀌는 Be동사 (Be동사 : am, are, is)

I [아이]	**am** [앰]	**He** [히]	**is** [E즈(z)]
You [유]	**are** [알(r)]	**She** [쉬]	
We [위]		**It** [잍]	
They [데(th)이]		**This** [디(th)쓰]	
		That [댙(th)]	

PART
01

초보 과정

Chapter
01

Be동사로
'나'에 대해 말하기

나의 현재 기분과 상태 말하기

I am 형용사. = **I'm** 형용사.
[아이 앰 ~]   [아임 ~]

나는 형용사해.

★ I'm은 I am을 줄인 형태입니다.

핵심설명

'나'에 대해 말할 때는 **I**를 주어로 쓰고, be동사 **am**과 함께 씁니다. **be동사**(am, are, is) 다음에 **형용사**가 오면 '**형용사하다**'라는 뜻이 되며, 〈**I am 형용사.**〉는 **나의 현재 기분**, **상태**, **성격** 등에 대해서 말할 때 주로 쓰입니다.

알아둘 것

동사는 **be동사**와 **일반동사**로 나누어집니다. **be동사**는 **am**, **are**, **is**를 말하며, '**~하다, ~이다, 있다**'로 해석합니다. **일반동사**는 **be동사**(am, are, is)를 제외한 **나머지 동사**를 말합니다.

〈I am happy.〉 문장 만드는 방법

❶ **happy** : 행복한 (형용사)
   (★ happy의 뜻을 '행복하다'로 외우지 않도록 주의하세요!)

❷ **be동사 + happy** → 행복해

❸ **I am happy. = I'm happy.** 나는 행복해.
   (★ 주어가 I(나)인 경우, be동사 am을 사용합니다.)

| 형용사 | 1번 말하고 한 칸 체크 ☑☐☐☐☐ |

hungry
[헝그뤼]

배고픈

thirsty
[떨(th/r)-스티]

목마른

full
[푸(f)을]

❶ 배부른
❷ 가득 찬

drunk
[드륑크]

술에 취한

busy
[비지(z)]

바쁜

lazy
[레이지(z)]

게으른

excited
[익싸이리드][익싸이티드]

들뜬, 신난

satisfied
[쌔리쓰파이드][쌔티쓰파이드]

만족하는

| **I'm + 형용사.** | **나는 형용사해.** |

I'm hungry.
[아임 헝그뤼]

나는 배고파.

I'm thirsty.
[아임 떨(th/r)-스티]

나는 목말라.

I'm full.
[아임 푸(f)을]

나는 배불러.

I'm drunk.
[아임 드뤙크]

나는 술에 취했어.

I'm busy.
[아임 비지(z)]

나는 바빠.

I'm lazy.
[아임 레이지(z)]

나는 게을러.

I'm excited.
[아임 익싸이리드]

나는 신나.

I'm satisfied.
[아임 쌔리쓰파이드]

나는 만족해.

1 나는 배고파.　　🎙 I'm hungry.

2 나는 목말라.　　🎙

3 나는 배불러.　　🎙

4 나는 술에 취했어.　　🎙

5 나는 바빠.　　🎙

6 나는 게을러.　　🎙

7 나는 신나.　　🎙

8 나는 만족해.　　🎙

《 정답은 앞 페이지에서 확인하세요.

나의 현재 기분과 상태 부정하기

I am not 형용사. = I'm not 형용사.
[아이 앰 낱 ~] [아임 낱 ~]

나는 형용사하지 않아.

★ I'm은 I am을 줄인 형태입니다.

핵심설명

am(be동사) 다음에 not을 쓰면 **부정의 의미(~가 아니다)를 담은 문장(부정문)**을 쉽게 만들 수 있습니다.

알아둘 것

be동사의 현재형(am, are, is)이 들어간 문장을 한국어로 자연스럽게 의역하는 경우, 과거의 뜻처럼 해석될 때도 있지만, **현재의 상태**를 말한다는 것을 기억해야 합니다.

예 I **am not** angry. 나는 화가 나지 **않았어.**

(현재 화가 나 있지 않은 상태)

<I am not happy.> 문장 만드는 방법

❶ **happy** : 행복한 (형용사)

❷ **be동사 + happy** → 행복해

❸ **I am happy.**
= **I'm happy.** 나는 행복해.
(★ 주어가 I(나)인 경우, be동사 am을 사용합니다.)

❹ **I am not happy.**
= **I'm not happy.** 나는 행복하지 않아.

형용사	1번 말하고 한 칸 체크 ☑☐☐☐☐

angry
[앵그뤼]

화난

upset
[엎쎝]

기분 상한, 언짢은

sad
[쌔드]

슬픈

lonely
[로운리][론-리]

외로운

nervous
[널(r)-붜쓰]

긴장한

ready
[뤠리][뤠디]

준비가 된

okay
[오(우)케이]

괜찮은

married
[매뤼드]

결혼한, 기혼인

36

| I'm not + 형용사. | 나는 형용사하지 않아. |

I'm not angry.
[아임 낱 앵그뤼]

나는 화가 나지 않았어.

I'm not upset.
[아임 낱 엎쎝]

나는 기분 상하지 않았어.

I'm not sad.
[아임 낱 쌔드]

나는 슬프지 않아.

I'm not lonely.
[아임 낱 로운리]

나는 외롭지 않아.

I'm not nervous.
[아임 낱 널(r)-붜쓰]

나는 긴장하지 않았어.

I'm not ready.
[아임 낱 뤠리]

나는 준비가 되지 않았어.

I'm not okay.
[아임 낱 오(우)케이]

나는 괜찮지 않아.

I'm not married.
[아임 낱 매뤼드]

나는 결혼하지 않았어.

다음 문장을 영어로 말해 보세요.   바로 나오지 않으면 Step2를 복습하세요.

1 나는 화가 나지 않았어.   🎤 I'm not angry.

2 나는 기분 상하지 않았어.   🎤

3 나는 슬프지 않아.   🎤

4 나는 외롭지 않아.   🎤

5 나는 긴장하지 않았어.   🎤

6 나는 준비가 되지 않았어.   🎤

7 나는 괜찮지 않아.   🎤

8 나는 결혼하지 않았어.   🎤

≪정답은 앞 페이지에서 확인하세요.

부가적인 느낌을 추가해서 말하기

I am 부사 + 형용사. = **I'm** 부사 + 형용사.
[아이 앰 ~]   [아임 ~]

나는 부사하게 형용사해.

★ I'm은 I am을 줄인 형태입니다.

핵심설명

정도를 나타내는 부사(very, so 등)는 **형용사** 앞에 위치하여 **형용사**에 **부가적인 느낌** 또는 **설명**을 더해줄 수 있습니다.

알아둘 것

정도를 나타내는 부사(very, so 등) + **형용사**는 '**부사하게 형용사한**'이라는 뜻으로, **얼마나 형용사한지** 자세히 말할 때 씁니다.

<I am very happy.> 문장 만드는 방법

❶ **happy** : 행복한 (형용사)
  (★ happy의 뜻을 '행복하다'로 외우지 않도록 주의하세요!)

❷ **very + happy** → 매우 행복한

❸ **be동사 + very happy** → 매우 행복해

❹ **I am very happy.**
  = **I'm very happy.** 나는 매우 행복해.
  (★ 주어가 I(나)인 경우, be동사 am을 사용합니다.)

| 부사 | 1번 말하고 한 칸 체크 ☑ ☐ ☐ ☐ ☐ |

very
[붸뤼]

매우

so
[쏘(우)]

매우

really
[뤼-을리]

정말

quite
[콰이트][콰잍]

꽤

pretty
[프뤼리]

꽤

a little
[어 리를][어 리틀]

조금, 약간

too
[투-]

너무 (부정적인 의미 포함)

I'm + 부사 + 형용사.	나는 부사하게 형용사해

I'm very hungry.
[아임 붸뤼 헝그뤼]

나는 매우 배고파.

I'm so thirsty.
[아임 쏘(우) 떨(th/r)-스티]

나는 매우 목말라.

I'm really full.
[아임 뤼-을리 푸(f)을]

나는 정말 배불러.

I'm quite excited.
[아임 콰이트 익싸이이리드]

나는 꽤 신나.

I'm pretty busy.
[아임 프뤼리 비지(z)]

나는 꽤 바빠.

I'm a little drunk.
[아임 어 리를 드륑크]

나는 약간 술에 취했어.

I'm too lazy.
[아임 투- 레이지(z)]

나는 너무 게을러.

1 나는 매우 배고파.

🎤 I'm very hungry.

2 나는 매우 목말라.

🎤

3 나는 정말 배불러.

🎤

4 나는 꽤 신나.

🎤

5 나는 꽤 바빠.

🎤

6 나는 약간 술에 취했어.

🎤

7 나는 너무 게을러.

🎤

《 정답은 앞 페이지에서 확인하세요.

나의 현재 직업, 이름, 역할 말하기

I am 명사. ＝ I'm 명사.
[아이 앰 ~]　　　　　[아임 ~]

나는 명사야.

★ I'm은 I am을 줄인 형태입니다.

핵심설명

주어 **I(나)**는 be동사 **am**과 함께 씁니다. **am** 다음에 **명사**가 오면 '**명사다**'라는
뜻이 되며, 주로 나의 **이름**, **직업**, **역할(직책)** 등에 대해 말할 때 씁니다.
명사 자리에 단어만 바꿔 쓰면, 다양한 문장을 쉽게 만들 수 있습니다.

알아둘 것

명사는 사람, 사물, 나라 등 무언가의 **이름**을 나타내는 말입니다.

 <I am a doctor.> 문장 만드는 방법

❶ **a doctor** : 의사 (명사)
　(★ 명사가 1개 또는 1명일 경우, 명사 앞에 a 또는 an을 써야 합니다.)

❷ **be동사 + a doctor** → 의사야

❸ **I am a doctor.**
　= **I'm a doctor.** 나는 의사야.
　(★ 주어가 I(나)인 경우, be동사 am을 사용합니다.)

| 명사 | 1번 말하고 한 칸 체크 ☑☐☐☐☐ |

Kate
[케이트][케이 ㅌ]

케이트 (여자 이름)

a housewife
[어 하우쓰와이프(f)]

주부

a cook
[어 쿡][어 쿠ㅋ]

요리사

a baker
[어 베이컬(r)][어 베이껄(r)]

제빵사

a hairdresser
[어 헤얼(r)드뤠썰(r)]

미용사

a lawyer
[어 로-열(r)]

변호사

a judge
[어 져지][어 져즈][어 져ㅈ]

판사

a vegetarian
[어 붸즈테뤼언][어 붸지테뤼언]

채식주의자

이제 문장으로 말해 볼까요? 🎧 MP3 04-2

I'm + 명사.	나는 명사야.

I'm Kate.
[아임 케이트]

나는 Kate야.

I'm a housewife.
[아임 어 하우쓰와이프(f)]

나는 주부야.

I'm a cook.
[아임 어 쿡]

나는 요리사야.

I'm a baker.
[아임 어 베이컬(r)]

나는 제빵사야.

I'm a hairdresser.
[아임 어 헤얼(r)드뤠썰(r)]

나는 미용사야.

I'm a lawyer.
[아임 어 로-열(r)]

나는 변호사야.

I'm a judge.
[아임 어 져지]

나는 판사야.

I'm a vegetarian.
[아임 어 붸즈테뤼언]

나는 채식주의자야.

1 나는 Kate야.

🎤 **I'm Kate.**

2 나는 주부야.

🎤

3 나는 요리사야.

🎤

4 나는 제빵사야.

🎤

5 나는 미용사야.

🎤

6 나는 변호사야.

🎤

7 나는 판사야.

🎤

8 나는 채식주의자야.

🎤

《 정답은 앞 페이지에서 확인하세요.

나의 현재 직업, 이름, 역할 부정하기

I am not 명사. ═ I'm not 명사.
[아이 앰 낱 ~]　　　　　　　　　[아임 낱 ~]

나는 명사가 아니야.

★ I'm은 I am을 줄인 형태입니다.

핵심설명

am(be동사) 다음에 **not**을 쓰면 **부정의 의미를 담은 문장(부정문)**을 쉽게 만들 수 있습니다.

<I am not a doctor.> 문장 만드는 방법

❶ **a doctor** : 의사 (명사)
　(★ 명사가 1개 또는 1명일 경우, 명사 앞에 a 또는 an을 써야 합니다.)

❷ **be동사 + a doctor** → 의사야

❸ **I am a doctor.**
　= **I'm a doctor.**　나는 의사야.
　(★ 주어가 I(나)인 경우, be동사 am을 사용합니다.)

❸ **I am not a doctor.**
　= **I'm not a doctor.**　나는 의사가 아니야.

| 명사 | 1번 말하고 한 칸 체크 ☑☐☐☐☐ |

Tom
[탐]

톰, 탐 (남자 이름)

a teacher
[어 티-철(r)]

선생님

a student
[어 스튜-든트][어 스뚜-른트]

학생

a doctor
[어 닥털(r)][어 닥떨(r)]

의사

a dentist
[어 덴티스트]

치과의사

a nurse
[어 널(r)-쓰]

간호사

a police officer
[어 플리-쓰 어-퓌썰(r)]

경찰관

a firefighter
[어 파이얼(r)파이럴(r)]

소방관

I'm not + 명사.	나는 명사가 아니야.

I'm not Tom.
[아임 낱 탐]

나는 Tom이 아니야.

I'm not a teacher.
[아임 낱 어 티-철(r)]

나는 선생님이 아니야.

I'm not a student.
[아임 낱 어 스튜-든트]

나는 학생이 아니야.

I'm not a doctor.
[아임 낱 어 닥털(r)]

나는 의사가 아니야.

I'm not a dentist.
[아임 낱 어 덴티스트]

나는 치과의사가 아니야.

I'm not a nurse.
[아임 낱 어 널(r)-쓰]

나는 간호사가 아니야.

I'm not a police officer.
[아임 낱 어 플리-쓰 어-퓌썰(r)]

나는 경찰관이 아니야.

I'm not a firefighter.
[아임 낱 어 파이얼(r)파이럴(r)]

나는 소방관이 아니야.

1 나는 Tom이 아니야.   🎤 **I'm not Tom.**

2 나는 선생님이 아니야.   🎤

3 나는 학생이 아니야.   🎤

4 나는 의사가 아니야.   🎤

5 나는 치과의사가 아니야.   🎤

6 나는 간호사가 아니야.   🎤

7 나는 경찰관이 아니야.   🎤

8 나는 소방관이 아니야.   🎤

≪ 정답은 앞 페이지에서 확인하세요.

나의 현재 위치 말하기

I am 전치사 + 명사. = **I'm** 전치사 + 명사.
[아이 앰 ~]   [아임 ~]

나는 명사(장소)에 **있어.**

★ I'm은 I am을 줄인 형태입니다.

핵심설명

be동사 다음에 **전치사 + 명사**가 오면 다양한 뜻을 가질 수 있으며, 가장 대표적인 뜻은 '**~에 있다**'입니다.

알아둘 것

전치사 **in**의 가장 대표적인 뜻은 '**~ 안에**' 또는 '**~ 안에서**'이며, 집 안에 있는 방에 대해서 말할 때는 주로 〈**in + 방 이름**〉 형태로 쓰면 됩니다.

<I am in the kitchen.> 문장 만드는 방법

❶ **the kitchen** : 주방 (명사)
   (★ the는 이미 언급되었거나 이미 알고 있는 특정한 사람이나 사물을 가리킬 때 주로 사용합니다.)

❷ **in + the kitchen** → 주방에

❸ **I am in the kitchen.**
   = **I'm in the kitchen.** 나는 주방에 있어.

명사	1번 말하고 한 칸 체크 ☑☐☐☐☐

the living room
[더(th) 리빙 룸(r)-]

거실

the bedroom
[더(th) 베드룸(r)-]

침실

the bathroom
[더(th) 배쁘(th)룸(r)-]

욕실, 화장실

the dining room
[더(th) 다이닝 룸(r)-]

다이닝 룸 (식사하는 곳)

the kitchen
[더(th) 키친][더(th) 키츤]

주방, 부엌 (요리하는 곳)

the basement
[더(th) 베이쓰먼트][더(th) 베이쓰믄트]

지하실

the yard
[더(th) 얄(r)-드]

마당, 정원

the garage
[더(th) 거롸-쥐][더(th) 그롸-쥐]

차고

I'm + 전치사 + 명사.	**나는 명사에 있어.**

I'm in the living room.
[아임 인 더(th) 리빙 룸(r)-]

나는 거실에 있어.

I'm in the bedroom.
[아임 인 더(th) 베드룸(r)-]

나는 침실에 있어.

I'm in the bathroom.
[아임 인 더(th) 배뜨(th)룸(r)-]

나는 욕실에 있어.

I'm in the dining room.
[아임 인 더(th) 다이닝 룸(r)-]

나는 다이닝 룸에 있어.

I'm in the kitchen.
[아임 인 더(th) 키친]

나는 주방에 있어.

I'm in the basement.
[아임 인 더(th) 베이쓰먼트]

나는 지하실에 있어.

I'm in the yard.
[아임 인 더(th) 얄(r)-드]

나는 마당에 있어.

I'm in the garage.
[아임 인 더(th) 거롸-쥐]

나는 차고에 있어.

1 나는 거실에 있어.   🎤 I'm in the living room.

2 나는 침실에 있어.   🎤

3 나는 욕실에 있어.   🎤

4 나는 다이닝 룸에 있어.   🎤

5 나는 주방에 있어.   🎤

6 나는 지하실에 있어.   🎤

7 나는 마당에 있어.   🎤

8 나는 차고에 있어.   🎤

≪ 정답은 앞 페이지에서 확인하세요.

나의 현재 위치 부정하기

I am not 전치사 + 명사.
[아이 앰 낱 ~]

＝ I'm not 전치사 + 명사.
[아임 낱 ~]

나는 명사에 있지 않아. (직역)
나는 명사에 없어. (의역)

★ I'm은 I am을 줄인 형태입니다.

핵심설명

am(be동사) 다음에 **not**을 쓰면 **부정의 의미를 담은 문장(부정문)**을 쉽게 만들 수 있습니다.

알아둘 것

명사에 따라 앞에 오는 전치사가 달라질 수 있기 때문에, 함께 쓰이는 〈**전치사 + 명사**〉 **조합**을 학습해 두시는 것이 좋습니다.

 ＜I am not in the kitchen.＞ 문장 만드는 방법

❶ **the kitchen** : 주방 (명사)
  (★ the는 이미 언급되었거나 이미 알고 있는 특정한 사람이나 사물을 가리킬 때 주로 사용합니다.)

❷ **in + the kitchen** → 주방에

❸ **I am in the kitchen.**
  = **I'm in the kitchen.** 나는 주방에 있어.

❹ **I am not in the kitchen.**
  = **I'm not in the kitchen.** 나는 주방에 있지 않아.

전치사 + 명사	1번 말하고 한 칸 체크 ☑☐☐☐☐

at home
[앹 호움][앹 홈-]

집에(서)

at school
[앹 스쿨-][앹 쓰꿀-]

학교에(서)

at work
[앹 월(r)-크]

회사에(서),
직장에(서)

in the office
[인 디(th) 어-퓌쓰][인 디(th) 오-퓌쓰]

사무실에(서)

in the classroom
[인 더(th) 클래쓰룸(r)]

교실에(서)

at the beach
[앹 더(th) 비-츠][앹 더(th) 비-ㅊ]

해변에(서)

at the train station
[앹 더(th) 츠뤠인 스테이션]

기차역에(서)

at the airport
[앹 디(th) 에얼(r)폴(r)트]

공항에(서)

I'm not + 전치사 + 명사.   나는 명사에 **없어**.

I'm not at home.
[아임 낱 앹 호움]

나는 집에 없어.

I'm not at school.
[아임 낱 앹 스쿨-]

나는 학교에 없어.

I'm not at work.
[아임 낱 앹 월(r)-크]

나는 회사에 없어.

I'm not in the office.
[아임 낱 인 디(th) 어-퓌쓰]

나는 사무실에 없어.

I'm not in the classroom.
[아임 낱 인 더(th) 클래쓰룸(r)]

나는 교실에 없어.

I'm not at the beach.
[아임 낱 앹 더(th) 비-츠]

나는 해변에 있지 않아.

I'm not at the train station.
[아임 낱 앹 더(th) 츠뤠인 스테이션]

나는 기차역에 있지 않아.

I'm not at the airport.
[아임 낱 앹 디(th) 에얼(r)폴(r)트]

나는 공항에 있지 않아.

1 나는 집에 없어.

🎤 I'm not at home.

2 나는 학교에 없어.

🎤

3 나는 회사에 없어.

🎤

4 나는 사무실에 없어.

🎤

5 나는 교실에 없어.

🎤

6 나는 해변에 있지 않아.

🎤

7 나는 기차역에 있지 않아.

🎤

8 나는 공항에 있지 않아.

🎤

《정답은 앞 페이지에서 확인하세요.

나의 과거 기분과 상태 말하기

I was 형용사.

[아이 워즈(z) ~]

나는 형용사했(었)어.

★ am의 과거형은 was입니다.

핵심설명

am의 과거형은 was이며, was(be동사) 다음에 **형용사**가 오면 '**형용사했다**' 또는 '**형용사했었다**'라는 뜻이 됩니다. 〈**I was 형용사.**〉는 나의 **과거 기분**, **상태**, **성격** 등에 대해서 말할 때 주로 쓰입니다.

 <I was happy.> 문장 만드는 방법

❶ **happy** : 행복한 (형용사)
(★ happy의 뜻을 '행복하다'로 외우지 않도록 주의하세요!)

❷ **am + happy** → 행복해
was + happy → 행복했어

❸ **I am happy.** 나는 행복해.
I was happy. 나는 행복했어.
(★ am의 과거형은 was입니다.)

	형용사	1번 말하고 한 칸 체크 ☑☐☐☐☐

	sick [씩]	아픈, 병든
	tired [타이얼(r)드]	피곤한, 피곤함을 느끼는
	sleepy [슬리-피]	졸린
	popular [파퓰럴(l/r)]	인기 있는, 인기 많은
	famous [풰이머쓰]	유명한
	selfish [쎌퓌쉬]	이기적인
	shy [샤이]	수줍음 많은
	worried [워-뤼드]	걱정하는, 걱정을 느끼는

| **I was** + 형용사. | **나는 형용사했(었)어.** |

I was sick.
[아이 워즈(z) 씩]

나는 아팠어.

I was tired.
[아이 워즈(z) 타이얼(r)드]

나는 피곤했어.

I was sleepy.
[아이 워즈(z) 슬리-피]

나는 졸렸어.

I was popular.
[아이 워즈(z) 파퓰럴(l/r)]

나는 인기가 있었어.

I was famous.
[아이 워즈(z) 풰이머쓰]

나는 유명했었어.

I was selfish.
[아이 워즈(z) 쎌퓌쉬]

나는 이기적이었어.

I was shy.
[아이 워즈(z) 샤이]

나는 수줍음이 많았어.

I was worried.
[아이 워즈(z) 워-뤼드]

나는 걱정했었어.

1 나는 아팠어. 🎤 I was sick.

2 나는 피곤했어.

3 나는 졸렸어.

4 나는 인기가 있었어.

5 나는 유명했었어.

6 나는 이기적이었어.

7 나는 수줍음이 많았어.

8 나는 걱정했었어.

《 정답은 앞 페이지에서 확인하세요.

나의 과거 기분과 상태 부정하기

I was not 형용사. = I wasn't 형용사.
[아이 워즈(z) 낟 ~] [아이 워즌(z)(트) ~]

나는 형용사하지 않았(었)어.

★ wasn't은 was not을 줄인 형태입니다.

핵심설명

was(be동사) 다음에 **not**을 쓰면 **부정의 의미를 담은 문장(부정문)**을 쉽게 만들 수 있습니다.

 <I was not happy.> 문장 만드는 방법

❶ **happy** : 행복한 (형용사)
 (★ happy의 뜻을 '행복하다'로 외우시지 않도록 주의하세요!)

❷ **was + happy** → 행복했어

❸ **I was happy.** 나는 행복했어.
 (★ am의 과거형은 was입니다.)

❹ **I was not happy.**
 = **I wasn't happy.** 나는 행복하지 않았어.

단어부터 익혀 보세요.

MP3 09-1

| 형용사 | 1번 말하고 한 칸 체크 ☑☐☐☐☐ |

tall
[톨-][털-]

키가 큰

short
[숄(r)-트]

키가 작은, 짧은

thin
[띤(th)]

마른, 얇은

fat
[퓈][풰ㅌ]

뚱뚱한

honest
[어니스트]

정직한

talkative
[토-커티브(v)]

수다스러운, 말이 많은

surprised
[썰(r)프롸이즈(z)드]

놀란, 놀람을 느끼는

confident
[컨퓌던트][컨퓌든트]

자신감 있는

I wasn't + 형용사.	나는 형용사하지 않았어.

I wasn't tall.
[아이 워즌(z)(트) 톨-]

나는 키가 크지 않았어.

I wasn't short.
[아이 워즌(z)(트) 숄(r)-트]

나는 키가 작지 않았어.

I wasn't thin.
[아이 워즌(z)(트) 띤(th)]

나는 마르지 않았어.

I wasn't fat.
[아이 워즌(z)(트) 퓀]

나는 뚱뚱하지 않았어.

I wasn't honest.
[아이 워즌(z)(트) 어니스트]

나는 정직하지 않았어.

I wasn't talkative.
[아이 워즌(z)(트) 토-커티브(v)]

나는 수다스럽지 않았어.

I wasn't surprised.
[아이 워즌(z)(트) 썰(r)프롸이즈(z)드]

나는 놀라지 않았어.

I wasn't confident.
[아이 워즌(z)(트) 컨퓌던트]

나는 자신감이 없었어.

1 나는 키가 크지 않았어.   🎙 I wasn't tall.

2 나는 키가 작지 않았어.   🎙

3 나는 마르지 않았어.   🎙

4 나는 뚱뚱하지 않았어.   🎙

5 나는 정직하지 않았어.   🎙

6 나는 수다스럽지 않았어.   🎙

7 나는 놀라지 않았어.   🎙

8 나는 자신감이 없었어.   🎙

《 정답은 앞 페이지에서 확인하세요.

나의 과거 직업 말하기

I was 명사.

[아이 워즈(z) ~]

나는 명사였어.

★ am의 과거형은 was입니다.

핵심설명

am의 과거형은 was이고, was(be동사) 다음에 **명사**가 오면 '**명사였다**'라는 뜻이 됩니다.

<I was a doctor.> 문장 만드는 방법

❶ **a doctor** : 의사 (명사)

(★ 명사가 1개 또는 1명일 경우, 명사 앞에 a 또는 an을 써야 합니다.)

참고 a와 an은 같은 뜻이지만, 뒤에 오는 단어의 발음에 따라 구분해서 써야 합니다.

a + 자음 발음   an + 모음 발음(아, 에, 이, 오, 우)

예 a car(자동차 한 대), an apple(사과 한 개)

❷ **am + a doctor** → 의사야

was + a doctor → 의사였어

❸ **I am a doctor.** 나는 의사야.

I was a doctor. 나는 의사였어.

(★ am의 과거형은 was입니다.)

명사	1번 말하고 한 칸 체크 ☑☐☐☐☐

a singer
[어 씽얼(r)][어 씽걸(r)]

가수

a soldier
[어 쏠졀(r)][어 쏘울졀(r)]

군인

a vet
[어 뷀]

수의사

a pilot
[어 파일럳]

비행기 조종사

a flight attendant
[어 플(f)라잍 어텐든트]

(비행기) 승무원

a professor
[어 프뤄풰썰(r)]

교수

an architect
[언 알(r)-키텍트]

건축가

an athlete
[언 애뜔맅-][언 애뚤리-ㅌ]

운동선수

이제 문장으로 말해 볼까요?   🎧 MP3 10-2

| I was + 명사. | 나는 명사였어. |

I was a singer.
[아이 워즈(z) 어 씽얼(r)]

나는 가수였어.

I was a soldier.
[아이 워즈(z) 어 쏠젤(r)]

나는 군인이었어.

I was a vet.
[아이 워즈(z) 어 뷑]

나는 수의사였어.

I was a pilot.
[아이 워즈(z) 어 파일럳]

나는 비행기 조종사였어.

I was a flight attendant.
[아이 워즈(z) 어 플(f)라잍 어텐든트]

나는 승무원이었어.

I was a professor.
[아이 워즈(z) 어 프뤄풰썰(r)]

나는 교수였어.

I was an architect.
[아이 워즈(z) 언 알(r)-키텍트]

나는 건축가였어.

I was an athlete.
[아이 워즈(z) 언 애뜰맅-]

나는 운동선수였어.

다음 문장을 영어로 말해 보세요. 바로 나오지 않으면 Step2를 복습하세요.

1 나는 가수였어.

🎙 I was a singer.

2 나는 군인이었어.

🎙

3 나는 수의사였어.

🎙

4 나는 비행기 조종사였어.

🎙

5 나는 승무원이었어.

🎙

6 나는 교수였어.

🎙

7 나는 건축가였어.

🎙

8 나는 운동선수였어.

🎙

≪ 정답은 앞 페이지에서 확인하세요.

나의 과거 역할 자세히 말하기

I was 형용사 + 명사.

[아이 워즈(z) ~]

나는 형용사한 명사였어.

★ am의 과거형은 was입니다.

핵심설명

형용사가 **명사** 앞에 와서 **형용사 + 명사** 형태가 되면, '**형용사한 명사**'라는 뜻이 되고, 명사에 자세한 설명을 더해 줄 수 있습니다.

<I was a good father.> 문장 만드는 방법

❶ **good** : 좋은 (형용사)
a father : 아빠, 아버지 (명사)
(★ 1명 또는 1개의 명사에 대해 말하는 경우, 명사 앞에 a 또는 an을 써야 합니다.)

❷ **a good father** 좋은 아빠, 좋은 아버지

❸ **am + a good father** → 좋은 아빠야
was + a good father → 좋은 아빠였어

❹ **I am a good father.** 나는 좋은 아빠야.
I was a good father. 나는 좋은 아빠였어.
(★ am의 과거형은 was입니다.)

명사	1번 말하고 한 칸 체크 ☑☐☐☐☐

a father
[어 퐈-덜(r)]

아빠, 아버지

a mother
[어 머-덜(r)][어 마-덜(r)]

엄마, 어머니

a son
[어 썬]

아들

a daughter
[어 더-럴(r)][어 도-럴(r)]

딸

a brother
[어 브뤄덜(r)]

남자 형제
(형, 오빠, 남동생)

a sister
[어 씨쓰털(r)][어 씨쓰떨(r)]

여자 형제
(누나, 언니, 여동생)

a husband
[어 허즈(z)번드][어 허즈(z)븐드]

남편

a wife
[어 와잎(f)][어 와이프(f)]

아내, 부인

I was + 형용사 + 명사.	나는 형용사한 명사였어.

I was a good father.
[아이 워즈(z) 어 귿 파-덜(r)]

나는 좋은 아빠였어.

I was a good mother.
[아이 워즈(z) 어 귿 머-덜(r)]

나는 좋은 엄마였어.

I was a good son.
[아이 워즈(z) 어 귿 썬]

나는 좋은 아들이었어.

I was a good daughter.
[아이 워즈(z) 어 귿 더-럴(r)]

나는 좋은 딸이었어.

I was a good brother.
[아이 워즈(z) 어 귿 브뤄덜(r)]

나는 좋은 형이었어.

I was a good sister.
[아이 워즈(z) 어 귿 씨쓰털(r)]

나는 좋은 언니였어.

I was a good husband.
[아이 워즈(z) 어 귿 허즈(z)번드]

나는 좋은 남편이었어.

I was a good wife.
[아이 워즈(z) 어 귿 와잎(f)]

나는 좋은 아내였어.

1 나는 좋은 아빠였어.　🎤 **I was a good father.**

2 나는 좋은 엄마였어.　🎤

3 나는 좋은 아들이었어.　🎤

4 나는 좋은 딸이었어.　🎤

5 나는 좋은 형이었어.　🎤

6 나는 좋은 언니였어.　🎤

7 나는 좋은 남편이었어.　🎤

8 나는 좋은 아내였어.　🎤

≪ 정답은 앞 페이지에서 확인하세요.

나의 과거 역할 자세히 부정하기

I was not 형용사 + 명사.
[아이 워즈(z) 낱 ~]

= I wasn't 형용사 + 명사.
[아이 워즈(z)(트) ~]

나는 형용사한 명사가 아니었어.

★ wasn't는 was not을 줄인 형태입니다.

핵심설명

was(be동사) 다음에 **not**을 쓰면 **부정의 의미를 담은 문장(부정문)**을 쉽게 만들 수 있습니다. **형용사**가 **명사** 앞에 와서 **형용사 + 명사** 형태가 되면, '**형용사한 명사**'라는 뜻이기 때문에, 〈I was not **형용사 + 명사**.〉는 '나는 **형용사한 명사**가 아니었다.'라는 뜻이 됩니다.

<I was not a good father.> 문장 만드는 방법

❶ **a good father** : 좋은 아빠, 좋은 아버지

❷ **am + a good father** → 좋은 아빠야
was + a good father → 좋은 아빠였어

❸ **I am a good father.** 나는 좋은 아빠야.
I was a good father. 나는 좋은 아빠였어.
(★ am의 과거형은 was입니다.)

❹ **I was not a good father.**
= **I wasn't a good father.** 나는 좋은 아빠가 아니었어.

| 명사 | 1번 말하고 한 칸 체크 ☑☐☐☐☐ |

a dad
[어 대드]

아빠 (회화에서 주로 사용)

a mom
[어 맘][어 멈]

엄마 (회화에서 주로 사용)

an uncle
[언 엉클][언 엉끌]

삼촌, 이모부, 고모부

an aunt
[언 앤트][언 안트]

숙모, 이모, 고모

a boyfriend
[어 보이프(f)뤤드]

남자친구

a girlfriend
[어 걸(r/l)프(f)뤤드]

여자친구

a boss
[어 보-쓰]

상사, 사장

an employee
[언 임플로이-]

직원

I wasn't + 형용사 + 명사.　　　나는 형용사한 명사가 아니었어.

I wasn't a good dad.
[아이 워즌(z)(트) 어 귿 대드]

나는 좋은 아빠가 아니었어.

I wasn't a good mom.
[아이 워즌(z)(트) 어 귿 맘]

나는 좋은 엄마가 아니었어.

I wasn't a good uncle.
[아이 워즌(z)(트) 어 귿 엉클]

나는 좋은 삼촌이 아니었어.

I wasn't a good aunt.
[아이 워즌(z)(트) 어 귿 앤트]

나는 좋은 숙모가 아니었어.

I wasn't a good boyfriend.
[아이 워즌(z)(트) 어 귿 보이프(f)뤤드]

나는 좋은 남자친구가 아니었어.

I wasn't a good girlfriend.
[아이 워즌(z)(트) 어 귿 걸(r/l)프(f)뤤드]

나는 좋은 여자친구가 아니었어.

I wasn't a good boss.
[아이 워즌(z)(트) 어 귿 보-쓰]

나는 좋은 상사가 아니었어.

I wasn't a good employee.
[아이 워즌(z)(트) 어 귿 임플로이-]

나는 좋은 직원이 아니었어.

1 나는 좋은 아빠가 아니었어.   🎤 I wasn't a good dad.

2 나는 좋은 엄마가 아니었어.   🎤

3 나는 좋은 삼촌이 아니었어.   🎤

4 나는 좋은 숙모가 아니었어.   🎤

5 나는 좋은 남자친구가 아니었어.   🎤

6 나는 좋은 여자친구가 아니었어.   🎤

7 나는 좋은 상사가 아니었어.   🎤

8 나는 좋은 직원이 아니었어.   🎤

≪ 정답은 앞 페이지에서 확인하세요.

나의 과거 위치 말하기

I was 전치사 + 명사.

[아이 워즈(z) ~]

나는 명사에 있었어.

★ am의 과거형은 was입니다.

핵심설명

was(be동사) 다음에 **전치사 + 명사**가 오면 다양한 뜻을 가질 수 있으며, 가장 대표적인 뜻은 '**~에 있었다**' 입니다.

알아둘 것 다양한 전치사 (Unit 24 참고)

전치사 **in**의 가장 대표적인 뜻은 '**~ 안에**' 또는 '**~ 안에서**'이며, **in + 나라** 또는 **도시**를 쓰면 '**~에(서)**'라는 뜻이 됩니다.

예 I was **in** 나라/도시. 나는 ~에 있었어.

＜I was in Seoul.＞ 문장 만드는 방법

❶ **Seoul** : 서울 (도시 이름 : 명사)

❷ **in + Seoul** → 서울에, 서울에서

❸ **I am in Seoul.** 나는 서울에 있어.
  I was in Seoul. 나는 서울에 있었어.
  (★ am의 과거형은 was입니다.)

명사	1번 말하고 한 칸 체크 ☑☐☐☐☐

South Korea
[싸우뜨(th) 코뤼-아][크뤼-아]

한국, 남한, 대한민국

Japan
[져팬][제팬]

일본

China
[챠이나]

중국

America
[어메뤼카]

미국

Canada
[캐나다][캐너더]

캐나다

England
[잉글른드][잉글런드]

영국(잉글랜드)

Australia
[오-스트뤠일리어][어-스트뤠일리아]

호주

Germany
[졀(r)-머니]

독일

이제 문장으로 말해 볼까요? 🎧 MP3 13-2

| **I was** + 전치사 + 명사. | 나는 명사에 있었어. |

I was in South Korea.
[아이 워즈(z) 인 싸우뜨(th) 코뤼-아]

나는 한국에 있었어.

I was in Japan.
[아이 워즈(z) 인 져팬]

나는 일본에 있었어.

I was in China.
[아이 워즈(z) 인 챠이나]

나는 중국에 있었어.

I was in America.
[아이 워즈(z) 인 어메뤼카]

나는 미국에 있었어.

I was in Canada.
[아이 워즈(z) 인 캐나다]

나는 캐나다에 있었어.

I was in England.
[아이 워즈(z) 인 잉글른드]

나는 영국에 있었어.

I was in Australia.
[아이 워즈(z) 인 오-스트뤠일리어]

나는 호주에 있었어.

I was in Germany.
[아이 워즈(z) 인 절(r)-머니]

나는 독일에 있었어.

1 나는 한국에 있었어.   🎤 I was in South Korea.

2 나는 일본에 있었어.   🎤

3 나는 중국에 있었어.   🎤

4 나는 미국에 있었어.   🎤

5 나는 캐나다에 있었어.   🎤

6 나는 영국에 있었어.   🎤

7 나는 호주에 있었어.   🎤

8 나는 독일에 있었어.   🎤

≪ 정답은 앞 페이지에서 확인하세요.

나의 과거 위치 부정하기

I was not 전치사 + 명사.
[아이 워즈(z) 낱 ~]

= **I wasn't** 전치사 + 명사.
[아이 워즌(z)(트) ~]

나는 명사에 **있지 않았어.** (직역)
나는 명사에 **없었어.** (의역)

★ wasn't는 was not을 줄인 형태입니다.

핵심설명

was(be동사) 다음에 **not**을 쓰면 **부정의 의미를 담은 문장(부정문)**을 쉽게 만들 수 있습니다.

알아둘 것 다양한 전치사 (Unit 24 참고)

전치사 at은 장소를 나타낼 때 쓸 수 있으며, 이 경우에는 주로 '~에'라는 뜻이 됩니다.

예 I was not **at** 장소. 나는 **~에** 있지 않았어.

<I was not at the hospital.> 문장 만드는 방법

❶ **the hospital** : (그) 병원
   (★ the는 이미 언급되었거나 이미 알고 있는 특정한 사람이나 사물을 가리킬 때
   주로 사용합니다.)

❷ **at + the hospital** → (그) 병원에

❸ **I am at the hospital.** 나는 (그) 병원에 있어.
   I was at the hospital. 나는 (그) 병원에 있었어.
   (★ am의 과거형은 was입니다.)

❹ **I was not at the hospital.**
   = **I wasn't at the hospital.** 나는 (그) 병원에 없었어.

명사	1번 말하고 한 칸 체크 ☑☐☐☐☐

the bank
[더(th) 뱅크][더(th) 뱅끄]

(그) 은행

the supermarket
[더(th) 수펄(r)말(r)킽]

(그) 슈퍼마켓

the gift shop
[더(th) 기프(f)트 샾]

(그) 선물가게

the hospital
[더(th) 하쓰피를][더(th) 하쓰피틀]

(그) 병원

the police station
[더(th) 플리-쓰 스테이션][더(th) 플리-쓰 스떼이션]

(그) 경찰서

the subway station
[더(th) 써브웨이 스테이션][더(th) 써브웨이 스떼이션]

(그) 지하철역

the gas station
[더(th) 개쓰 스테이션][더(th) 개쓰 스떼이션]

(그) 주유소

| I wasn't + 전치사 + 명사. | 나는 명사에 **없었어.** |

I wasn't at the bank.
[아이 워즌(z)(트) 앹 더(th) 뱅크]

나는 (그) 은행에 없었어.

I wasn't at the supermarket.
[아이 워즌(z)(트) 앹 더(th) 수펄(r)말(r)킽]

나는 (그) 슈퍼마켓에 없었어.

I wasn't at the gift shop.
[아이 워즌(z)(트) 앹 더(th) 기프(f)트 샵]

나는 (그) 선물가게에 없었어.

I wasn't at the hospital.
[아이 워즌(z)(트) 앹 더(th) 하쓰피를]

나는 (그) 병원에 없었어.

I wasn't at the police station.
[아이 워즌(z)(트) 앹 더(th) 플리-쓰 스테이션]

나는 (그) 경찰서에 없었어.

I wasn't at the subway station.
[아이 워즌(z)(트) 앹 더(th) 써브웨이 스테이션]

나는 (그) 지하철역에 없었어.

I wasn't at the gas station.
[아이 워즌(z)(트) 앹 더(th) 개쓰 스테이션]

나는 (그) 주유소에 없었어.

1 나는 (그) 은행에 없었어. 🎤 I wasn't at the bank.

2 나는 (그) 슈퍼마켓에 없었어.

3 나는 (그) 선물가게에 없었어.

4 나는 (그) 병원에 없었어.

5 나는 (그) 경찰서에 없었어.

6 나는 (그) 지하철역에 없었어.

7 나는 (그) 주유소에 없었어.

≪ 정답은 앞 페이지에서 확인하세요.

Plus 1 통째로 외워두면 좋은 문장 1
(be동사)

 MP3 14-3

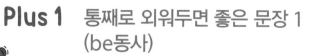

I'm starving.
[아임 스탈(r)-뷩]

나는 배고파 죽겠어.

I'm a good listener.
[아임 어 귿 리쓰널(r)]

나는 남의 말을
잘 들어주는 사람이야.

I'm from South Korea.
[아임 프(f)뤔 싸우뜨(th) 코뤼-아]

나는 한국에서 왔어.

I'm on vacation.
[아임 온 붸이케이션]

❶ 나는 휴가 중이야.
❷ 나는 방학 중이야.

I'm in class.
[아임 인 클래쓰]

나는 수업 중이야.

I'm in trouble.
[아임 인 츠뤄블]

나는 어려움에 처해 있어.
(나는 문제가 있어.)

I'm on your side.
[아임 온 유얼(r) 싸이드]

나는 너의 편이야.

I'm with Tom.
[아임 위드(th) 탐]

나는 Tom과 함께 있어.

Chapter
02

일반동사로
'나'에 대해 말하기

이번 챕터에서 말하는 **완벽한 문장**이란,
주어와 동사를 포함한 그 자체만으로도 완벽한 뜻을 이루는 하나의 문장,
즉, 부가적인 설명을 포함하지 않은 핵심문장을 말합니다.

어션영어 YouTube

내가 지금 하고 있는 일 말하기

I am 동사ing. = I'm 동사ing.
[아이 앰 ~]   [아임 ~]

나는 동사하고 있는 중이야. (직역)
나는 (지금) 동사하고 있어. (의역)

★ I'm은 I am을 줄인 형태입니다.

핵심설명

지금 하고 있는 중인 일에 대해서 말할 때, 주어가 **I (나)**인 경우, I 다음에
am 동사ing를 쓰면 됩니다.

예 cook : 요리하다
   I am cooking. 나는 요리하고 있어. (지금 요리하고 있는 중)

알아둘 것

동사에 ing를 붙일 때, 동사가 **e로 끝나는 경우**에는 e를 빼고 ing를 붙이는
경우가 많습니다.

예 make → making   take → taking   use → using

문장을 더 자세하게 말하는 법

❶ 완벽한 문장 + 부사
   I am studying + now. 나는 지금 공부하고 있어.

❷ 완벽한 문장 + [전치사 + 명사]
   I am cooking + in the kitchen. 나는 주방에서 요리하고 있어.

동사 표현	1번 말하고 한 칸 체크 ☑☐☐☐☐

study
[스터디][스떠리]

공부하다

read a book
[뤼-드 어 북-]

책을 읽다

watch TV
[와-취 티-뷔-]

TV를 보다

listen to music
[리쓴 투 뮤-직]

음악을 듣다

do the dishes
[두 더(th) 디쉬즈(z)]

설거지를 하다

cook
[쿡]

요리하다

I'm 동사ing.	나는 (지금) 동사하고 있어.

I'm studying now.
[아임 스터딩 나우]

나는 지금 공부하고 있어.

I'm reading a book.
[아임 뤼-딩 어 북-]

나는 (지금) 책을 읽고 있어.

I'm watching TV.
[아임 와-칭 티-뷔-]

나는 (지금) TV를 보고 있어.

I'm listening to music.
[아임 리쓰닝 투 뮤-직]

나는 (지금) 음악을 듣고 있어.

I'm doing the dishes.
[아임 두잉 더(th) 디쉬즈(z)]

나는 (지금) 설거지를 하고 있어.

I'm cooking in the kitchen.
[아임 쿠킹 인 더(th) 키친]

나는 (지금) 주방에서 요리하고 있어.

＊문장을 더 자세하게 말하는 법: 부사(초록), 전치사 + 명사(파랑)

1 나는 지금 공부하고 있어.

🎙 **I'm studying now.**

2 나는 (지금) 책을 읽고 있어.

🎙

3 나는 (지금) TV를 보고 있어.

🎙

4 나는 (지금) 음악을 듣고 있어.

🎙

5 나는 (지금) 설거지를 하고 있어.

🎙

6 나는 (지금) 주방에서 요리하고 있어.

🎙

≪ 정답은 앞 페이지에서 확인하세요.

UNIT 16 내가 지금 하고 있는 일 부정하기

I am not 동사ing. **=** **I'm not** 동사ing.
[아이 앰 낱 ~]　　　　　　　[아임 낱 ~]

나는 동사하고 있는 중이 **아니야**. (직역)
나는 (**지금**) 동사하고 있지 **않아**. (의역)

★ I'm은 I am을 줄인 형태입니다.

핵심설명 1

지금 하고 있는 중이 아닌 일 또는 **지금 하고 있지 않은 일**에 대해서 말할 때는 주어 다음에 〈**be동사 + not + 동사ing**〉를 사용합니다.

핵심설명 2

〈be동사+동사ing〉에서도 마찬가지로 **be동사** 다음에 **not**을 쓰면 **부정의 의미를 담은 문장(부정문)**을 쉽게 만들 수 있습니다. 주어가 I(나)인 경우에는 am(be동사) 다음에 not을 쓰면 됩니다.

예 sleep : 자다, 잠자다
　I am not sleeping. 나는 자고 있지 않아.

 문장을 더 자세하게 말하는 법

❶ 완벽한 문장 + 부사
I am not using it + now. 나는 지금 그것을 사용하고 있지 않아.

| 동사 표현 | 1번 말하고 한 칸 체크 ☑☐☐☐☐ |

drive
[드롸이브(v)]

운전하다

chew gum
[츄- 검]

껌을 씹다

use it
[유-즈(z) 잍][유-짙]

그것을 사용하다

wear socks
[웨얼(r) 쌍쓰]

양말을 신다

look at you
[룩 앹 유-]

너를 쳐다보다

look for a job
[룩 폴(f/r) 어 좝]

직장을 찾다

| **I'm not** 동사ing. | 나는 (지금) 동사하고 있지 **않아.** |

I'm not driving.
[아임 낱 드롸이빙]

나는 (지금) 운전하고 있지 않아.

I'm not chewing gum.
[아임 낱 츄-잉 검]

나는 (지금) 껌을 씹고 있지 않아.

I'm not using it now.
[아임 낱 유-징 잍 나우]

나는 지금 그것을 사용하고 있지 않아.

I'm not wearing socks.
[아임 낱 웨어링 싹쓰]

나는 (지금) 양말을 신고 있지 않아.

I'm not looking at you.
[아임 낱 룩킹 앹 유-]

나는 (지금) 너를 쳐다보고 있지 않아.

I'm not looking for a job.
[아임 낱 룩킹 폴(f/r) 어 좝]

나는 (지금) 직장을 찾고 있지 않아.

＊문장을 더 자세하게 말하는 법: 부사(초록)

1 나는 (지금) 운전하고 있지 않아.

🎙 **I'm not driving.**

2 나는 (지금) 껌을 씹고 있지 않아.

🎙

3 나는 지금 그것을 사용하고 있지 않아.

🎙

4 나는 (지금) 양말을 신고 있지 않아.

🎙

5 나는 (지금) 너를 쳐다보고 있지 않아.

🎙

6 나는 (지금) 직장을 찾고 있지 않아.

🎙

《정답은 앞 페이지에서 확인하세요.

내가 평소, 일반적으로 하는 일 말하기

I 동사원형.

[아이 ~]

나는 (평소, 일반적으로) 동사해.

핵심설명

평소 또는 **일반적으로 하는 일**에 대해서 말할 때, 주어가 I (**나**)인 경우, I 다음에
동사원형을 쓰면 됩니다.

알아둘 것

동사원형이란?

동사에 어떠한 변화도 생기지 않은 **원래의 형태** 그대로를 말합니다.

예 **go** : 동사원형 ○   **goes** : 동사원형 ×   **went** : 동사원형 × (went는 go의 과거형)

문장을 더 자세하게 말하는 법

❶ 완벽한 문장 + 부사

I clean my room + every day. 나는 매일 나의 방을 청소해.

❷ 완벽한 문장 + [전치사 + 명사]

I play computer games + in my free time.

나는 (나의) 자유 시간에 컴퓨터 게임을 해.

| 동사 표현 | 1번 말하고 한 칸 체크 | ☑ ☐ ☐ ☐ ☐ |

live in the States
[리브(v) 인 더(th) 스테이츠]

미국에 살다

do yoga
[두 요(우)거][두 요(우)가]

요가를 하다

clean my room
[클린- 마이 룸(r)-]

나의 방을 청소하다

play golf
[플레이 골프(f)]

골프를 치다

go to church
[고(우) 투 철(r)-츠][고(우) 투 철(r)-치]

교회에 가다/다니다

play computer games
[플레이 컴퓨-럴(r) 게임쓰]

컴퓨터 게임을 하다

STEP 02 이제 문장으로 말해 볼까요?

MP3 17-2

I + 동사원형. 나는 (평소, 일반적으로) 동사해.

I live in the States.
[아이 리브(v) 인 더(th) 스테이츠]
나는 미국에 살아. (일반적 사실)

I do yoga.
[아이 두 요(우)거]
나는 요가를 해. (평소)

I clean my room every day.
[아이 클린- 마이 룸(r)- 에브(v)뤼 데이]
나는 매일 나의 방을 청소해. (평소)

I play golf every week.
[아이 플레이 골프(f) 에브(v)뤼 위-크]
나는 매주 골프를 쳐. (평소)

I go to church every Sunday.
[아이 고(우) 투 철(r)-츠 에브(v)뤼 썬데이]
나는 매주 일요일에 교회에 가. (평소)

I play computer games in my free time.
[아이 플레이 컴퓨-럴(r) 게임쓰 인 마이 프(f)뤼- 타임]
나는 나의 자유 시간에 컴퓨터 게임을 해. (평소)

*문장을 더 자세하게 말하는 법: 부사(초록), 전치사 + 명사(파랑)

1 나는 미국에 살아. (일반적 사실)

🎙 **I live in the States.**

2 나는 요가를 해. (평소)

🎙

3 나는 매일 나의 방을 청소해. (평소)

🎙

4 나는 매주 골프를 쳐. (평소)

🎙

5 나는 매주 일요일에 교회에 가. (평소)

🎙

6 나는 나의 자유 시간에 컴퓨터 게임을 해. (평소)

🎙

《 정답은 앞 페이지에서 확인하세요.

UNIT 18 내가 평소, 일반적으로 하는 일 부정하기

> ### I do not 동사원형. = I don't 동사원형.
> [아이 두 낱 ~]   [아이 돈-(트) ~]
>   [아이 도운(트) ~]
>
> 나는 (평소, 일반적으로) 동사하지 않아.

★ don't은 do not을 줄인 형태입니다.

핵심설명

평소 또는 **일반적으로 하지 않는 일**에 대해서 말할 때, 주어가 **나(I)**인 경우에는 I 다음에 **don't + 동사원형**을 쓰면 됩니다.

알아둘 것

주어가 **나(I)**인 경우	
be동사(현재형) 부정문	**일반동사(현재형) 부정문**
am + not	**don't + 동사원형**
I **am not** tired. 나는 피곤하지 않아.	I **don't** smoke. 나는 담배를 피우지 않아.

* 일반동사 현재형의 부정문에서는 동사 앞에 **do not** 또는 **don't**를 쓰며, 이때 쓰인 **do**는 부정문을 만들기 위한 보조적인 역할을 합니다. 이것은 '~을 하다'라는 뜻의 일반동사 do와 전혀 관련이 없습니다.

문장을 더 자세하게 말하는 법

❶ 완벽한 문장 + 부사

I don't get up + early. 나는 일찍 일어나지 않아.

동사 표현	1번 말하고 한 칸 체크 ☑□□□□

smoke
[스모(우)크]

담배 피우다, 흡연하다

go to bed (early)
[고(우) 투 베드 얼(r)-리]

(일찍) 자러 가다

go to bed (late)
[고(우) 투 베드 레이트]

(늦게) 자러 가다

get up (early)
[겥 엎 얼(r)-리][게렆 얼(r)-리]

(일찍) 일어나다

get up (late)
[겥 엎 레이트][게렆 레이트]

(늦게) 일어나다

walk to work
[워-크 투 월(r)-크]

직장에 걸어가다

이제 문장으로 말해 볼까요? 🎧 MP3 18-2

I don't + 동사원형.　　　나는 (평소, 일반적으로) 동사하지 않아.

I don't smoke.
[아이 돈-(트) 스모(우)크]

나는 담배 피우지 않아.
(일반적 사실)

I don't go to bed early.
[아이 돈-(트) 고(우) 투 베드 얼(r)-리]

나는 일찍 자러 가지 않아. (평소)

I don't go to bed late.
[아이 돈-(트) 고(우) 투 베드 레이트]

나는 늦게 자러 가지 않아. (평소)

I don't get up early.
[아이 돈-(트) 겥 엎 얼(r)-리]

나는 일찍 일어나지 않아. (평소)

I don't get up late.
[아이 돈-(트) 겥 엎 레이트]

나는 늦게 일어나지 않아. (평소)

I don't walk to work.
[아이 돈-(트) 워-크 투 월(r)-크]

나는 직장에 걸어가지 않아. (평소)

＊문장을 더 자세하게 말하는 법: 부사(초록)

1 나는 담배 피우지 않아. (일반적 사실)

🎙 **I don't smoke.**

2 나는 일찍 자러 가지 않아. (평소)

🎙

3 나는 늦게 자러 가지 않아. (평소)

🎙

4 나는 일찍 일어나지 않아. (평소)

🎙

5 나는 늦게 일어나지 않아. (평소)

🎙

6 나는 직장에 걸어가지 않아. (평소)

🎙

《정답은 앞 페이지에서 확인하세요.

내가 얼마나 자주 하는지 말하기

I 빈도부사 동사원형.
[아이 ~]

나는 얼마나 자주 동사해.

핵심설명

얼마나 자주 하는지에 대해 말할 때 쓰이는 **빈도부사**는 일반동사와 함께 쓰이는 경우, 주로 **일반동사 앞에** 위치합니다. 주어가 **나(I)**인 경우, I 다음에 **빈도부사**를 쓰고, 그 뒤에 **동사원형**을 쓰면 됩니다.

＊대표적인 빈도부사

always	항상	rarely	드물게
usually	주로, 보통	seldom	좀처럼 ~ 않는
often	자주	hardly	거의 ~ 않는
sometimes	가끔, 때때로	never	절대/결코 ~ 않는

빈도부사 sometimes의 다양한 위치

❶ 일반동사 앞에 쓰이는 경우

I sometimes watch TV. 나는 가끔 TV를 봐.

❷ 문장 앞에 쓰이는 경우

Sometimes I watch TV. 나는 가끔 TV를 봐.

❸ 문장 끝에 쓰이는 경우

I watch TV sometimes. 나는 가끔 TV를 봐.

| 빈도부사 | 1번 말하고 한 칸 체크 ☑☐☐☐☐ |

always
[얼-웨이즈(z)][올-웨이즈(z)]

항상

usually
[유-쥬얼리][유-쥬을리]

주로, 보통

often
[오-픈(f)][어-픈(f)]

자주

sometimes
[썸타임즈(z)]

가끔, 때때로

hardly
[할(r)-들리]

거의 ~ 않는

never
[네붤(r)]

절대 ~ 않는,
결코 ~ 않는

I + 빈도부사 + 동사원형.   나는 얼마나 자주 동사해.

I always walk to work.
[아이 얼-웨이즈(z) 워-크 투 월(r)-크]

나는 항상 직장에 걸어가. (평소)

I usually go to bed early.
[아이 유-쥬얼리 고(우) 투 베드 얼(r)-리]

나는 주로 일찍 자러 가. (평소)

I often go to bed late.
[아이 어-픈(f) 고(우) 투 베드 레이트]

나는 자주 늦게 자러 가. (평소)

I sometimes get up early.
[아이 썸타임즈(z) 겥 엎 얼(r)-리]

나는 가끔 일찍 일어나. (평소)

I hardly get up late.
[아이 할(r)-들리 겥 엎 레이트]

나는 거의 늦게 일어나지 않아. (평소)

I never smoke.
[아이 네뷜(r) 스모(우)크]

나는 절대 담배를 피우지 않아. (일반적 사실)

*문장을 더 자세하게 말하는 법: 부사(초록)

107

다음 문장을 영어로 말해 보세요. 바로 나오지 않으면 Step2를 복습하세요.

1 나는 항상 직장에 걸어가. (평소)

🎙 I always walk to work.

2 나는 주로 일찍 자러 가. (평소)

🎙

3 나는 자주 늦게 자러 가. (평소)

🎙

4 나는 가끔 일찍 일어나. (평소)

🎙

5 나는 거의 늦게 일어나지 않아. (평소)

🎙

6 나는 절대 담배를 피우지 않아. (일반적 사실)

🎙

≪정답은 앞 페이지에서 확인하세요.

내가 과거에 한 일 말하기

I 동사 과거형.

[아이 ~]

나는 동사했어.

핵심설명

과거에 한 일 또는 **과거에 일어난 일**에 대해서 말할 때, **주어가 I(나)인 경우**에는 〈**I + 동사 과거형**〉으로 쓰면 됩니다.

알아둘 것 부록 05 참고

동사 과거형의 종류		
규칙 과거형 (-ed로 끝남)	동사 + ed	enjoy → enjoy<u>ed</u>
	동사 + (e)d	like → lik<u>ed</u>
	동사 + ied	study → stud<u>ied</u>
불규칙 과거형	go → went eat → ate get → got (자주 사용하는 동사 위주로 학습하는 것이 좋다.)	

 문장을 더 자세하게 말하는 법

❶ 완벽한 문장 + 부사

I got a haircut + yesterday. 나는 어제 머리를 잘랐어.

동사 표현부터 익혀 보세요.

| 동사 표현 | 1번 말하고 한 칸 체크 ☑☐☐☐☐ |

miss the bus
[미쓰 더(th) 버쓰]

(그) 버스를 놓치다

lose my passport
[루-즈(z) 마이 패쓰폴(r)-트]

나의 여권을 잃어버리다

get a haircut
[겥 어 헤얼(r)컽][겥 어 헤얼(r)커트]

머리를 자르다

spend a lot of money
[쓰펜드 얼랕 어브(v) 머니]

많은 돈을 쓰다

buy it
[바이 잍]

그것을 사다

do my best
[두 마이 베스트]

(나의) 최선을 다하다

I + 동사 과거형.	나는 동사했어.

I missed the bus.
[아이 미쓰트 더(th) 버쓰]

나는 (그) 버스를 놓쳤어.

I lost my passport.
[아이 로스트 마이 패쓰폴(r)-트]

나는 나의 여권을 잃어버렸어.

I got a haircut yesterday.
[아이 같 어 헤얼(r)컽 예스털(r)데이]

나는 어제 머리를 잘랐어.

I spent a lot of money.
[아이 쓰펜트 얼랕 어브(v) 머니]

나는 많은 돈을 썼어.

I bought it last week.
[아이 보-트 잍 라스트 위-크][래스트 위-크]

나는 지난주에 그것을 샀어.

I did my best.
[아이 디드 마이 베스트]

나는 (나의) 최선을 다했어.

＊문장을 더 자세하게 말하는 법: 부사(초록)

111

1 나는 (그) 버스를 놓쳤어.

🎤 I missed the bus.

2 나는 나의 여권을 잃어버렸어.

🎤

3 나는 어제 머리를 잘랐어.

🎤

4 나는 많은 돈을 썼어.

🎤

5 나는 지난주에 그것을 샀어.

🎤

6 나는 (나의) 최선을 다했어.

🎤

《 정답은 앞 페이지에서 확인하세요.

내가 과거에 한 일 부정하기

I did not 동사원형. = I didn't 동사원형.
[아이 디드 낱 ~]　　　　　　　[아이 디든(트) ~]
　　　　　　　　　　　　　　　[아이 디른(트) ~]

나는 동사하지 **않았어.**

★ didn't은 did not을 줄인 형태입니다.

핵심설명

과거에 하지 않은 일 또는 **과거에 일어나지 않은 일**에 대해서 말할 때,
주어 다음에 **didn't 동사원형**을 쓰면 됩니다.

알아둘 것

주어가 나(I)인 경우	
be동사(과거형) 부정문	**일반동사(과거형) 부정문**
was + not	**didn't + 동사원형**
I **was not** sad. 나는 슬프지 않았어.	I **didn't** cry. 나는 울지 않았어.

* 일반동사 과거형의 부정문에서는 동사 앞에 **did not** 또는 **didn't**를 쓰며, 이때 쓰인 **did**는 부정문을 만들기 위한 보조적인 역할을 합니다. 이것은 '~을 했(었)다'라는 뜻의 일반동사 과거형 **did**와 관련이 없습니다.

 문장을 더 자세하게 말하는 법

❶ 완벽한 문장 + 부사
I didn't drink much + yesterday. 나는 어제 술을 많이 마시지 않았어.

❷ 완벽한 문장 + [전치사 + 명사]
I didn't do it + on purpose. 나는 고의로 그것을 하지 않았어.

| 동사 표현 | 1번 말하고 한 칸 체크 ☑☐☐☐☐ |

wash my face
[워쉬 마이 풰이쓰]
세수하다

brush my teeth
[브뤄쉬 마이 티-뜨(th)]
양치하다

say that
[쎄이 댙(th)]
그것을 말하다,
그 말을 하다

drink much
[드륑크 머취]
(술을) 많이 마시다

sleep well
[슬맆- 웰]
잘 자다

do it
[두 잍]
그것을 하다

I didn't + 동사원형.　　　　　　　나는 동사하지 **않았어**.

I didn't wash my face.
[아이 디든(트) 워쉬 마이 풰이쓰]

나는 세수를 하지 않았어.

I didn't brush my teeth.
[아이 디든(트) 브뤄쉬 마이 티-뜨(th)]

나는 양치를 하지 않았어.

I didn't say that.
[아이 디든(트) 쎄이 댙(th)]

나는 그 말을 하지 않았어.

I didn't drink much yesterday.
[아이 디든(트) 드링크 머춰 예스털(r)데이]

나는 어제 술을 많이 마시지 않았어.

I didn't sleep well last night.
[아이 디든(트) 슬맆- 웰 라스트 나잍][래스트 나잍]

나는 어젯밤에 잘 자지 못했어.

I didn't do it on purpose.
[아이 디든(트) 두 잍 온 펄(r)-퍼쓰]

나는 고의로 그것을 하지 않았어.

*문장을 더 자세하게 말하는 법: 부사(초록), 전치사 + 명사(파랑)

115

다음 문장을 영어로 말해 보세요. 바로 나오지 않으면 Step2를 복습하세요.

1 나는 세수를 하지 않았어.

🎙 **I didn't wash my face.**

2 나는 양치를 하지 않았어.

🎙

3 나는 그 말을 하지 않았어.

🎙

4 나는 어제 술을 많이 마시지 않았어.

🎙

5 나는 어젯밤에 잘 자지 못했어.

🎙

6 나는 고의로 그것을 하지 않았어.

🎙

≪ 정답은 앞 페이지에서 확인하세요.

22 내가 미래에 할 일 말하기

I will 동사원형. = **I'll** 동사원형.

[아이 윌 ~]   [아일 ~]

I am going to 동사원형. = **I'm going to** 동사원형.

[아이 앰 고(우)잉 투 ~]   [아임 고(우)잉 투 ~]

나는 동사할 거야.

★ I'll은 I will을 줄인 형태입니다.

핵심설명

미래에 할 일에 대해서 말할 때, 주어가 **나(I)**인 경우, I 다음에 **will 동사원형** 또는 **am going to 동사원형**을 쓰면 됩니다.

알아둘 것

주어가 I인 경우, 미래에 할 일에 대해서 말할 때 쓰이는 **am going to**에서 **going**은 '**가다**'라는 뜻의 **일반동사 go와 관련이 없습니다.**

문장을 더 자세하게 말하는 법

❶ 완벽한 문장 + [전치사 + 명사]

I'll call you + **in 10 minutes**. 내가 10분 후에 너에게 전화할게.

117

동사 표현부터 익혀 보세요. 🎧 MP3 22-1

동사 표현 1번 말하고 한 칸 체크 ☑☐☐☐☐

---

take a taxi
[테익 어 택씨]

택시를 타다

think about it
[띵(th)크 어바웉 잍][띵(th)크 어바우맅]

그것에 대해 생각하다

call you
[콜- 유]

너에게 전화를 걸다

visit my parents
[뷔짙 마이 페어뤈츠]

나의 부모님을 방문하다

sell my apartment
[쎌 마이 아팔(r)-트먼트]

나의 아파트를 팔다

quit smoking
[큍 스모우킹][큍 스모우낑]

담배를 끊다

> **I will** + 동사원형.
> **I'm going to** + 동사원형.
>
> 나는 동사할 거야.

I'll take a taxi.
[아일 테익 어 택씨]

나는 택시를 탈래.

I'll think about it.
[아일 띵(th)크 어바우맅]

나는 그것에 대해
생각해 볼게.

I'll call you in 10 minutes.
[아일 콜- 유 인 텐 미니츠]

내가 10분 후에 너에게
전화할게.

I'm going to visit my parents.
[아임 고(우)잉 투 뷔짙 마이 페어뤈츠]

나는 나의 부모님을
방문할 거야.

I'm going to sell my apartment.
[아임 고(우)잉 투 쎌 마이 아팔(r)-트먼트]

나는 나의 아파트를
팔 거야.

I'm going to quit smoking.
[아임 고(우)잉 투 퀱 스모우킹]

나는 담배를 끊을 거야.

＊문장을 더 자세하게 말하는 법: 전치사 + 명사(파랑)

1 나는 택시를 탈래.

🎤 **I'll take a taxi.**

2 나는 그것에 대해 생각해 볼게.

🎤

3 내가 10분 후에 너에게 전화할게.

🎤

4 나는 나의 부모님을 방문할 거야.

🎤

5 나는 나의 아파트를 팔 거야.

🎤

6 나는 담배를 끊을 거야.

🎤

≪정답은 앞 페이지에서 확인하세요.

내가 미래에 할 일 부정하기

I will not 동사원형. **=** **I won't** 동사원형.
[아이 윌 낱 ~]   [아이 워운(트) ~]

I am not going to 동사원형. **=** **I'm not going to** 동사원형.
[아이 앰 낱 고(우)잉 투 ~]   [아임 낱 고(우)잉 투 ~]

나는 동사하지 **않을** 거야.

★ won't는 will not을 줄인 형태입니다.

핵심설명

미래에 하지 않을 일에 대해서 말할 때, 주어가 **나(I)**인 경우, I 다음에
will not 동사원형 또는 **am not going to 동사원형**을 쓰면 됩니다.

\<I won't tell her.\> 문장 만드는 방법

❶ **tell her** : 그녀에게 말하다/말해주다

❷ **I will not tell her.**
= **I won't tell her.** 나는 그녀에게 말하지 않을 거야.

\<I'm not going to invite her.\> 문장 만드는 방법

❶ **invite her** : 그녀를 초대하다

❷ **I am not going to invite her.**
= **I'm not going to invite her.** 나는 그녀를 초대하지 않을 거야.

STEP 01 동사 표현부터 익혀 보세요.

MP3 23-1

동사 표현 1번 말하고 한 칸 체크 ☑ ☐ ☐ ☐ ☐

go there 거기에 가다

[고(우) 데(th)얼(r)]

forgive you 너를 용서하다

[폴(f/r)기브(v) 유][풜(r)기브(v) 유]

apologize to them 그들에게 사과하다

[어폴러자이즈(z) 투 뎀(th)]

marry him 그와 결혼하다

[매뤼 힘]

quit my job 나의 직장을 그만두다

[퀻 마이 좝]

give up 포기하다

[기브(v) 엎]

> **I won't** + 동사원형.
> **I'm not going to** + 동사원형.
>
> **나는 동사하지 않을 거야.**

I won't go there.
[아이 워운(트) 고(우) 데(th)얼(r)]

나는 거기에 가지
않을 거야.

I won't forgive you.
[아이 워운(트) 폴(f/r)기브(v) 유]

나는 너를 용서하지
않을 거야.

I won't apologize to them.
[아이 워운(트) 어폴러자이즈(z) 투 뎀(th)]

나는 그들에게 사과하지
않을 거야.

I'm not going to marry him.
[아임 낱 고(우)잉 투 매뤼 힘]

나는 그와 결혼하지
않을 거야.

I'm not going to quit my job.
[아임 낱 고(우)잉 투 퀼 마이 좝]

나는 나의 직장을 그만두지
않을 거야.

I'm not going to give up.
[아임 낱 고(우)잉 투 기브(v) 엎]

나는 포기하지 않을 거야.

1 나는 거기에 가지 않을 거야.

 I won't go there.

2 나는 너를 용서하지 않을 거야.

3 나는 그들에게 사과하지 않을 거야.

4 나는 그와 결혼하지 않을 거야.

5 나는 나의 직장을 그만두지 않을 거야.

6 나는 포기하지 않을 거야.

≪ 정답은 앞 페이지에서 확인하세요.

Plus 2 통째로 외워두면 좋은 문장 2 (일반동사)

🎧 MP3 23-3

I want it.
[아이 원(트) 잍]

나는 그것을 원해.

I don't want it.
[아이 돈-(트) 원(트) 잍]

나는 그것을 원하지 않아.

I need it.
[아이 니-드 잍][아이 니-딭]

나는 그것이 필요해.

I don't need it.
[아이 돈-(트) 니-드 잍][니-딭]

나는 그것이 필요하지 않아.

I have a car.
[아이 해브(v) 어 칼(r)-]

나는 차를 가지고 있어. (직역)
나는 차가 있어. (의역)

I don't have a car.
[아이 돈-(트) 해브(v) 어 칼(r)-]

나는 차를 가지고 있지 않아. (직역)
나는 차가 없어. (의역)

I like coffee.
[아이 라익- 커-퓌]

나는 커피를 좋아해.

I don't like coffee.
[아이 돈-(트) 라익- 커-퓌]

나는 커피를 좋아하지 않아.

I hate it.
[아이 헤이맅][아이 헤잍 잍]

나는 그것을 싫어해.

I don't hate it.
[아이 돈-(트) 헤이맅][아이 돈-(트) 헤잍 잍]

나는 그것을 싫어하지 않아.

PART
02

기초 과정

Chapter
03

주어 바꿔 말하기

주어 + be동사 – 축약형 만드는 방법		
① I am = **I'm** 　　[아임]		
② He is = **He's** 　　[히즈(z)]	She is = **She's** 　　[쉬즈(z)]	It is = **It's** 　　[잍츠]
③ You are = **You're** 　　[유얼(r)]	We are = **We're** 　　[위얼(r)]	They are = **They're** 　　[데(th)얼(r)]

be동사 + not – 축약형 만드는 방법
① am + not은 일반적으로 줄여 쓰지 않습니다.
② is + not = **isn't**
③ are + not = **aren't**

어션영어 YouTube

사물의 위치 말하기

It is 전치사 + 명사. = It's 전치사 + 명사.

[잍 E즈(z) ~] [잍츠 ~]

그것은 명사에 있어.

★ It's는 It is를 줄인 형태입니다.

핵심설명

be동사(am, are, is) 다음에 **전치사 + 명사**가 오면 **다양한 뜻**을 가질 수 있으며, 가장 대표적인 뜻은 '**~에 있다**'입니다. 어떤 전치사를 쓰느냐에 따라 '**~ 안에**', '**~ 위에**', '**~ 아래에**'와 같이 뜻이 조금씩 달라집니다.

＊장소를 나타내는 대표적인 전치사

in	~ 안에	in front of	~ 앞에
on	~ 위에	behind	~ 뒤에
under	~ 아래에	between (A and B)	(A와 B) 사이에
next to	~ 옆에		

<It is in the box.> 문장 만드는 방법

❶ **the box** : 그 상자 (명사)

❷ **in + the box** → 그 상자 안에

❸ **It is in the box.**
  = **It's in the box.** 그것은 그 상자 안에 있어.

단어부터 익혀 보세요.

🎧 MP3 24-1

| | 전치사 | 1번 말하고 한 칸 체크 ☑☐☐☐☐ |

| **in** [인] | ~ 안에 |

| **on** [온][언] | ~ 위에 |

| **under** [언덜(r)] | ~ 아래에 |

| **next to** [넥쓰(트) 투] | ~ 옆에 |

| **in front of** [인 프(f)뤈트 어브(v)] | ~ 앞에 |

| **behind** [비하인드] | ~ 뒤에 |

| **between** [비트윈-] | ~ 사이에 |

It's + 전치사 + 명사.　　　　　　　　　그것은 명사에 있어.

It's in the box.
[잍츠 인 더(th) 박쓰]

그것은 박스 안에 있어.

It's on the box.
[잍츠 온 더(th) 박쓰]

그것은 박스 위에 있어.

It's under the box.
[잍츠 언덜(r) 더(th) 박쓰]

그것은 박스 아래에 있어.

It's next to the box.
[잍츠 넥쓰(트) 투 더(th) 박쓰]

그것은 박스 옆에 있어.

It's in front of the box.
[잍츠 인 프(f)륀트 어브(v) 더(th) 박쓰]

그것은 박스 앞에 있어.

It's behind the box.
[잍츠 비하인드 더(th) 박쓰]

그것은 박스 뒤에 있어.

It's between the box and the chair.
[잍츠 비트윈- 더(th) 박쓰 앤(드) 더(th) 체얼(r)]

그것은 박스와 의자 사이에 있어.

1 그것은 박스 안에 있어.

🎤 **It's in the box.**

2 그것은 박스 위에 있어.

🎤

3 그것은 박스 아래에 있어.

🎤

4 그것은 박스 옆에 있어.

🎤

5 그것은 박스 앞에 있어.

🎤

6 그것은 박스 뒤에 있어.

🎤

7 그것은 박스와 의자 사이에 있어.

🎤

≪ 정답은 앞 페이지에서 확인하세요.

현재의 기분, 상태, 위치 말하기 / 부정하기

I	[아이]	+	**am** [앰]
He [히] **She** [쉬] **It** [잍]		+	**is** [티즈(z)]
You [유] **We** [위] **They** [데(th)이]		+	**are** [알(r)]

+

1. 형용사
2. 명사
3. 전치사 + 명사

1. 주어는 형용사해. 2. 주어는 명사야. 3. 주어는 명사에 있어.

핵심설명 1

주어는 I, You, We, They, He, She, It이 자주 쓰이며, 주어에 따라 be동사를 다른 형태로 씁니다.

예 I + am He/She/It + is You/We/They + are

핵심설명 2

be동사 뒤에는 주로 **1.형용사, 2.명사, 3.전치사＋명사**가 오며, be동사 뒤에 무엇이 오느냐에 따라 **한국어로 의역할 때 be동사의 뜻이 달라질 수 있습니다.**

예 1. 형용사**하다** 2. 명사**이다** 3. 명사에 **있다**

〈We're not busy.〉 문장 만드는 방법

❶ be동사(am, are, is) 다음에 not만 붙이면 부정문이 됩니다.

❷ **We are busy.** = **We're busy.** 우리는 바빠.

❸ **We are not busy.** = **We're not busy.** 우리는 바쁘지 않아.

133

단어부터 익혀 보세요.

🎧 MP3 25-1

| 형용사 | 1번 말하고 한 칸 체크 ☑☐☐☐☐ |

busy
[비지(z)]
바쁜

late
[레이트]
늦은

poor
[푸얼(r)]
가난한

rich
[뤼취][뤼ㅊ]
부유한

kind
[카인드]
친절한

shy
[샤이]
수줍음 많은, 부끄러움 많은

interesting
[인트뤠스팅]
흥미로운, 재미있는

주어 + be동사 + 형용사.	주어는 형용사해.

I'm busy.
[아임 비지(z)]

나는 바빠.

You're late.
[유얼(r) 레이트]

너는 늦었어. (현재 늦은 상태)

We're poor.
[위얼(r) 푸얼(r)]

우리는 가난해.

They're rich.
[데(th)얼(r) 뤼취]

그들은 부유해.

He's kind.
[히즈(z) 카인드]

그는 친절해.

She's shy.
[쉬즈(z) 샤이]

그녀는 수줍음이 많아.

It's interesting.
[잍츠 인트뤠스팅]

❶ 그것은 흥미로워.
❷ 그것은 재미있어.

이번에는 부정문으로 말해 볼까요?

주어 + be동사 + not + 형용사.　　　주어는 형용사하지 않아.

I'm not busy.
[아임 낱 비지(z)]

나는 바쁘지 않아.

You're not late.
[유얼(r) 낱 레이트]

너는 늦지 않았어. (현재 상태)

We're not poor.
[위얼(r) 낱 푸얼(r)]

우리는 가난하지 않아.

They're not rich.
[데(th)얼(r) 낱 뤼취]

그들은 부유하지 않아.

He's not kind.
[히즈(z) 낱 카인드]

그는 친절하지 않아.

She's not shy.
[쉬즈(z) 낱 샤이]

그녀는 수줍음이 없어.

It's not interesting.
[잍츠 낱 인트뤠스팅]

❶ 그것은 흥미롭지 않아.
❷ 그것은 재미있지 않아.

UNIT 26 과거의 기분, 상태, 위치 말하기 / 부정하기

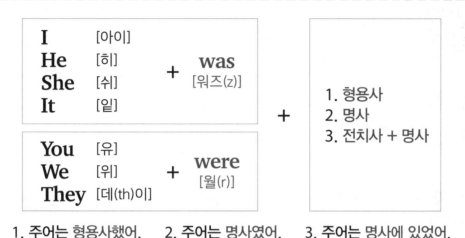

I [아이] He [히] She [쉬] It [잍]	+ was [워즈(z)]	
You [유] We [위] They [데(th)이]	+ were [월(r)]	+ **1. 형용사** **2. 명사** **3. 전치사 + 명사**

1. 주어는 형용사했어.   2. 주어는 명사였어.   3. 주어는 명사에 있었어.

핵심설명 1

be동사(am, are, is)의 **과거형**을 만들 때 **am**, **is**는 **was**로 바꾸고, **are**은 **were**로 바꾸면 됩니다. **be동사**(am, are, is)의 **부정문**은 **be동사** 다음에 **not**만 붙이면 됩니다.

핵심설명 2

be동사 뒤에는 주로 **1.형용사**, **2.명사**, **3.전치사＋명사**가 오며, be동사 뒤에 무엇이 오느냐에 따라 **한국어로 의역할 때 be동사의 뜻이 달라질 수 있습니다.**

예 1. 형용사**하다**   2. 명사**이다**   3. 명사에 **있다**

 ＜We weren't busy.＞ 문장 만드는 방법

❶ be동사(was, were) 다음에 not만 붙이면 부정문이 됩니다.

❷ **We were busy.** 우리는 바빴어.

❸ **We were not busy.** = **We weren't busy.** 우리는 바쁘지 않았어.

(★ weren't는 were not을 줄인 형태입니다.)

137

단어부터 익혀 보세요.

MP3 26-1

형용사	1번 말하고 한 칸 체크 ☑☐☐☐☐

sick
[씩]

아픈, 병든

excited
[익싸이리드][익싸이티드]

신난, 들뜬

bored
[볼(r)-드]

(지루함을 느끼는) 지루한,
심심한

boring
[보-링]

(지루함을 유발하는) 지루한

right
[롸이트]

옳은, 맞는

wrong
[륑-]

틀린, 잘못된

friendly
[프(f)뤤(들)리]

살가운, 다정한

| 주어 + be동사 과거형 + 형용사. | 주어는 형용사했어. |

I was sick.
[아이 워즈(z) 씩]

나는 아팠어.

He was excited.
[히 워즈(z) 익싸이리드]

그는 신났었어.

She was bored.
[쉬 워즈(z) 볼(r)-드]

그녀는 지루했어.
(지루함 느낌)

It was boring.
[잍 워즈(z) 보-링]

그것은 지루했어.
(지루함 유발)

You were right.
[유 월(r) 라이트]

네가 옳았어.
(네 말이 맞았어.)

We were wrong.
[위 월(r) 륑-]

우리가 틀렸었어.
(우리 말이 틀렸었어.)

They were friendly.
[데(th)이 월(r) 프(f)뤤(들)리]

그들은 다정했어.

이번에는 부정문으로 말해 볼까요?

주어 + be동사 과거형 + not + 형용사.　　　주어는 형용사하지 않았어.

I wasn't sick.
[아이 워즌(트) 씩]

나는 아프지 않았어.

He wasn't excited.
[히 워즌(트) 익싸이리드]

그는 신나지 않았어.

She wasn't bored.
[쉬 워즌(트) 볼(r)-드]

그녀는 지루하지 않았어.
(지루함을 느끼지 않음)

It wasn't boring.
[잍 워즌(트) 보-링]

그것은 지루하지 않았어.
(지루함을 유발하지 않음)

You weren't right.
[유 워은(r)트 라이트]

너는 옳지 않았어.
(네 말이 맞지 않았어.)

We weren't wrong.
[위 워은(r)트 륑-]

우리는 틀리지 않았었어.
(우리 말이 틀리지 않았었어.)

They weren't friendly.
[데(th)이 워은(r)트 프(f)뤤들리]

그들은 다정하지 않았어.

*wasn't는 was not, weren't는 were not을 줄인 형태입니다.

지금 하고 있는 일 말하기

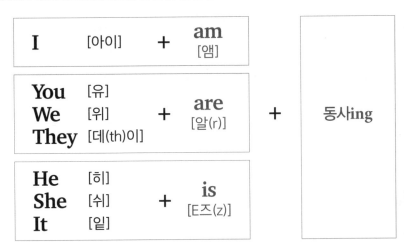

I [아이]	+ am [앰]	
You [유] We [위] They [데(th)이]	+ are [알(r)]	+ 동사+ing
He [히] She [쉬] It [잍]	+ is [E즈(z)]	

주어는 동사하고 있는 중이야. (직역)
주어는 (지금) 동사하고 있어. (의역)

핵심설명

지금 하고 있는 중인 일에 대해서 말할 때, **주어** 다음에 **be동사 + 동사ing**를 쓰면 됩니다. **주어**에 따라 **be동사**는 다른 형태로 씁니다.

예 I + am   You/We/They + are   He/She/It + is

알아둘 것

동사에 ing를 붙일 때, **e로 끝나는 동사는 e를 빼고 ing를 붙이는 경우**가 많습니다.

예 take → taking   have → having   lie → lying(예외)

 <He's taking a shower.> 문장 만드는 방법

❶ **take a shower** : 샤워하다

❷ **He is taking a shower.**
   = **He's taking a shower.** 그는 샤워를 하고 있어.

동사 표현	1번 말하고 한 칸 체크 ☑☐☐☐☐

take a shower
[테잌 어 샤월(r)]

샤워하다

lie
[라이]

거짓말하나

have breakfast
[해브(v) 브뤡풔쓰트]

아침을 먹다, 아침식사를 하다

sleep
[슬맆-]

자다

cry
[크롸이]

울다

dry her hair
[드롸이 헐(r) 헤얼(r)]

그녀의 머리를 말리다

snow
[스노우]

눈이 오다, 눈이 내리다

| 주어 + be동사 + 동사ing. | 주어는 (지금) 동사하고 있어. |

I'm taking a shower.
[아임 테이킹 어 샤월(r)]

나는 (지금) 샤워하고 있어.

You're lying.
[유얼(r) 라(이)잉]

너는 (지금) 거짓말하고 있어.

We're having breakfast.
[위얼(r) 해빙(v) 브뤡풔쓰트]

우리는 (지금) 아침을 먹고 있어.

They're sleeping.
[데(th)얼(r) 슬리-핑]

그들은 (지금) 자고 있어.

He's crying.
[히즈(z) 크롸(이)잉]

그는 (지금) 울고 있어.

She's drying her hair.
[쉬즈(z) 드롸잉 헐(r) 헤얼(r)]

그녀는 (지금) 머리를 말리고 있어.

It's snowing.
[잍츠 스노우잉]

(지금) 눈이 오고 있어.

* 날씨에 대해 말할 때 쓰는 주어 it은 해석하지 않습니다.

1 나는 (지금) 샤워하고 있어.

🎤 I'm taking a shower.

2 너는 (지금) 거짓말하고 있어.

🎤 You're

3 우리는 (지금) 아침을 먹고 있어.

🎤 We're

4 그들은 (지금) 자고 있어.

🎤 They're

5 그는 (지금) 울고 있어.

🎤 He's

6 그녀는 (지금) 머리를 말리고 있어.

🎤 She's

7 (지금) 눈이 오고 있어.

🎤 It's

《 정답은 앞 페이지에서 확인하세요.

지금 하고 있는 일 부정하기

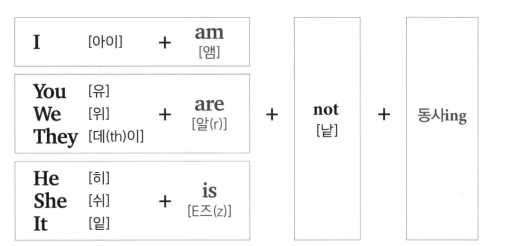

주어는 동사하고 있는 중이 아니야. (직역)
주어는 (지금) 동사하고 있지 않아. (의역)

핵심설명

지금 하고 있는 중이 아닌 일 또는 **지금 일어나고 있는 중이 아닌 일**에 대해서 말할 때는 **주어** 다음에 **be동사 + not + 동사ing**를 쓰면 됩니다.

be동사가 쓰인 문장에서는 일반적인 경우, **be동사**(am, are, is) 다음에 **not**을 쓰면 **부정의 의미를 담는 문장(부정문)**을 쉽게 만들 수 있습니다.

<It is not raining.> 문장 만드는 방법

❶ **rain** : 비가 오다, 비가 내리다 (동사)

❷ **It is raining.** = **It's raining.** 비가 오고 있어.
(날씨에 대해 말할 때는 주어를 It으로 쓰고 해석하지 않습니다.)

❸ **It is not raining.** = **It's not raining.** 비가 오고 있지 않아.

	동사 표현	1번 말하고 한 칸 체크 ☑☐☐☐☐

study
[스터디][스떠리]

공부하다

bleed
[블리드]

피를 흘리다

argue
[알(r)-규-]

언쟁하다, 말다툼하다

wait for me
[웨잍 폴(f/r) 미]

나를 기다리다

snore
[스놀(r)-][스노-얼(r)]

코를 골다

talk on the phone
[토-크 온 더(th) 포(f)운]

전화 통화를 하다

rain
[뤠인]

비가 오다, 비가 내리다

주어 + be동사 + **not** + 동사**ing**.　　주어는 (지금) 동사하고 있지 **않아**.

I'm not studying.
[아임 낱 스터딩]

나는 (지금) 공부하고 있지 않아.

You're not bleeding.
[유얼(r) 낱 블리딩]

너는 (지금) 피를 흘리고 있지 않아.

We're not arguing.
[위얼(r) 낱 알(r)-규-잉]

우리는 (지금) 말다툼하고 있지 않아.

They're not waiting for me.
[데(th)얼(r) 낱 웨이링 폴(f/r) 미]

그들은 (지금) 나를 기다리고 있지 않아.

He's not snoring.
[히즈(z) 낱 스노-링]

그는 (지금) 코를 골고 있지 않아.

She's not talking on the phone.
[쉬즈(z) 낱 토-킹 온 더(th) 포(f)운]

그녀는 (지금) 전화 통화를 하고 있지 않아.

It's not raining.
[잍츠 낱 뤠이닝]

(지금) 비가 오고 있지 않아.

1 나는 (지금) 공부하고 있지 않아.

🎤 **I'm not studying.**

2 너는 (지금) 피를 흘리고 있지 않아.

🎤 **You're not**

3 우리는 (지금) 말다툼하고 있지 않아.

🎤 **We're not**

4 그들은 (지금) 나를 기다리고 있지 않아.

🎤 **They're not**

5 그는 (지금) 코를 골고 있지 않아.

🎤 **He's not**

6 그녀는 (지금) 전화통화를 하고 있지 않아.

🎤 **She's not**

7 (지금) 비가 오고 있지 않아.

🎤 **It's not**

≪정답은 앞 페이지에서 확인하세요.

평소, 일반적으로 하는 일 말하기

I	[아이]		
You	[유]	+	동사원형
We	[위]		
They	[데(th)이]		

He	[히]		
She	[쉬]	+	동사 + s/es
It	[잍]		

주어는 (평소, 일반적으로) 동사해.

 핵심설명

평소 또는 **일반적으로 하는 일**에 대해서 말할 때, **주어**가 I, You, We, They인 경우에는 **주어** 다음에 **동사원형**을 쓰면 되고, **주어**가 He, She, It인 경우 **동사**에 **s** 또는 **es**를 붙인 형태를 쓰면 됩니다. 동사가 y로 끝나는 경우, y를 i로 바꾸고 es를 붙이기도 합니다.

예 eat → eat<u>s</u>   go → go<u>es</u>   cry → cr<u>ies</u>

동사원형이란?
동사에 어떠한 변화도 생기지 않은 **원래의 형태** 그대로를 말합니다.

예 **go** : 동사원형 ○   **go<u>es</u>** : 동사원형 ×   **went** : 동사원형 × (went는 go의 과거형)

문장을 더 자세하게 말하는 법

❶ 완벽한 문장 + 부사

I eat an apple + **every morning.** 나는 매일 아침 사과 한 개를 먹어.
He eat<u>s</u> an apple + **every morning.** 그는 매일 아침 사과 한 개를 먹어.

동사 표현부터 익혀 보세요. 🎧 MP3 29-1

| 동사 표현 | 1번 말하고 한 칸 체크 ☑☐☐☐☐ |

practice the piano
[프뢕티쓰 더(th) 피애노우]

피아노를 연습하다

complain
[컴플레인]

불평하다

get together
[겥 투게덜(th/r)][겥 트게덜(th/r)]

모이다, (함께) 만나다

go hiking
[고(우) 하이킹]

등산하다, 등산하러 가다

eat an apple
[트 언 애쁠][읻- 언 애플]

(한 개의) 사과를 먹다

bite her fingernails
[바이트 헐(r) 핑걸(r)네일쓰]

그녀의 손톱을 물어뜯다

work
[월(r)-크]

작동하다, 효과 있다

주어 + 동사원형.
주어 + 동사 + s/es.

주어는 (평소, 일반적으로) 동사해.

I practice the piano every day.
[아이 프뤨티쓰 더(th) 피애노우 에브(v)뤼 데이]

나는 매일 피아노를
연습해.

You complain too much.
[유 컴플레인 투- 머취]

너는 너무 많이 불평해.
(평소)

We get together every year.
[위 겥 투게덜(th/r) 에브(v)뤼 이열(r)]

우리는 매년 모여.

They go hiking every week.
[데(th)이 고(우) 하이킹 에브(v)뤼 위-크]

그들은 매주 등산을 해.

He eats an apple every morning.
[히 E츠 언 애쁠 에브(v)뤼 몰(r)-닝]

그는 매일 아침 사과
한 개를 먹어.

She bites her fingernails.
[쉬 바이츠 헐(r) 핑걸(r)네일쓰]

그녀는 그녀의 손톱을
물어뜯어. (평소)

It works.
[잍 월(r/k)쓰]

❶ 그것은 작동해.
  (고장 아님)
❷ 그것은 효과 있어.

*문장을 더 자세하게 말하는 법: 부사(초록)

151

1 나는 매일 피아노를 연습해.

🎙 **I practice the piano every day.**

2 너는 너무 많이 불평해. (평소)

🎙 **You**

3 우리는 매년 모여.

🎙 **We**

4 그들은 매주 등산을 해.

🎙 **They**

5 그는 매일 아침 사과 한 개를 먹어.

🎙 **He**

6 그녀는 그녀의 손톱을 물어뜯어. (평소)

🎙 **She**

7 ❶ 그것은 작동해. ❷ 그것은 효과 있어.

🎙 **It**

≪ 정답은 앞 페이지에서 확인하세요.

평소, 일반적으로 하는 일 부정하기

I	[아이]		
You	[유]	**+**	**don't** 동사원형
We	[위]		[돈-(트) ~]
They	[데(th)이]		

He	[히]		
She	[쉬]	**+**	**doesn't** 동사원형
It	[잍]		[더즌(트) ~]

주어는 (평소, 일반적으로) 동사하지 않아.

★ don't는 do not을 줄인 형태이고,
doesn't는 does not을 줄인 형태입니다.

핵심설명

평소 또는 **일반적으로 하지 않는 일**에 대해 말할 때, **주어**가 I, You, We, They인 경우에는 **주어** 다음에 **don't 동사원형**을 쓰고, **주어**가 He, She, It인 경우에는 **주어** 다음에 **doesn't 동사원형**을 쓰면 됩니다. 이때 쓰인 **do, does**는 부정문을 만들기 위한 보조적인 역할을 합니다.

예 **I don't smoke**. 나는 담배를 피우지 않아.
He doesn't smoke. 그는 담배를 피우지 않아.

알아둘 것

주어가 He, She, It인 경우에는 **doesn't** 다음에 오는 **동사**에 **s** 또는 **es**를 붙이지 않고 **동사원형**을 쓴다는 점에 주의해야 합니다.

예 **She doesn't drinks**. (틀린 문장)
She doesn't drink. (맞는 문장) 그녀는 술을 마시지 않아.

동사 표현   1번 말하고 한 칸 체크 ☑ ☐ ☐ ☐ ☐

drink beer
[드링크 비얼(r)]

맥주를 마시다

listen to me
[리쓴 투 미]

나에게 귀를 기울이다,
나의 말을 잘 듣다

get along well
[겔 얼롱- 웰]

(사이좋게) 잘 지내다

eat vegetables
[E트 붸즈터블쓰][잍- 붸즈터블쓰]

채소를 먹다

eat meat
[E트 미-트][잍- 미-트]

고기를 먹다

work hard
[월(r)-크 할(r)드]

열심히 일하다

work
[월(r)-크]

작동하다, 효과 있다

이제 문장으로 말해 볼까요? 🎧 MP3 30-2

주어 don't + 동사원형.
주어 doesn't + 동사원형.

주어는 (평소, 일반적으로)
동사하지 않아.

I don't drink beer.
[아이 돈-(트) 드링크 비얼(r)]

나는 맥주를 마시지 않아.
(평소, 일반적 사실)

You don't listen to me.
[유 돈-(트) 리쓴 투 미]

너는 나의 말을 듣지 않아.
(평소)

We don't get along well.
[위 돈-(트) 겥 얼롱- 웰]

우리는 잘 지내지 않아.
(평소)

They don't eat vegetables.
[데(th)이 돈-(트) 잍- 붸즈터블쓰]

그들은 채소를 먹지 않아.
(평소)

He doesn't eat meat.
[히 더즌(트) 잍- 미-트]

그는 고기를 먹지 않아.
(평소)

She doesn't work hard.
[쉬 더즌(트) 월(r)-크 할(r)드]

그녀는 열심히 일하지
않아. (평소)

It doesn't work.
[잍 더즌(트) 월(r)-크]

❶ 그것은 작동하지 않아.
   (고장남)
❷ 그것은 효과 없어.

다음 문장을 영어로 말해 보세요. 바로 나오지 않으면 Step2를 복습하세요.

1 나는 맥주를 마시지 않아. (평소, 일반적 사실)

🎤 I don't drink beer.

2 너는 나의 말을 듣지 않아. (평소)

🎤 You don't

3 우리는 잘 지내지 않아. (평소)

🎤 We don't

4 그들은 채소를 먹지 않아. (평소)

🎤 They don't

5 그는 고기를 먹지 않아. (평소)

🎤 He doesn't

6 그녀는 열심히 일하지 않아. (평소)

🎤 She doesn't

7 ❶ 그것은 작동하지 않아. ❷ 그것은 효과 없어.

🎤 It doesn't

≪ 정답은 앞 페이지에서 확인하세요.

과거에 한 일 말하기

주어 + 동사 과거형.

주어는 동사했어.

핵심설명 동사 과거형의 종류 : 규칙형/불규칙형 (Unit 20 참고)

과거에 한 일 또는 **과거에 일어난 일**에 대해서 말할 때, **주어** 다음에 **동사 과거형**을 쓰면 됩니다. 주어가 I/You/We/They/He/She/It 무엇이든 상관없이 같은 형태의 **동사 과거형**을 씁니다.

 <주어 + 동사 과거형> 문장 살펴보기

예 **work** : (사람) 일하다, (사물) 효과 있다, 작동하다

I worked.	나는 일했어.
You worked.	너는 일했어.
We worked.	우리는 일했어.
They worked.	그들은 일했어.
He worked.	그는 일했어.
She worked.	그녀는 일했어.
It worked.	❶ 그것은 효과 있었어.
	❷ 그것은 작동했어.

| 동사 표현 | 1번 말하고 한 칸 체크 ☑☐☐☐☐ |

hurt my knee
[헐(r)-트 마이 니-]

나의 무릎을 다치다

make a mistake
[메익- 어 미쓰테익][메익- 어 미쓰떼익]

실수를 하다

break up
[브뤠이크 엎]

헤어지다

leave Korea
[리-브(v) 코뤼-아][리-브(v) 크뤼-아]

한국을 떠나다

grow up
[그로(r)우 엎]

자라다, 성장하다

give it
[기브(v) 잍][기빝]

그것을 주다

happen
[해픈][해쁜]

(일, 사건이)
발생하다, 일어나다

| 주어 + 동사 과거형. | 주어는 동사했어. |

I hurt my knee.
[아이 헐(r)-트 마이 니-]

나는 나의 무릎을 다쳤어.

You made a mistake.
[유 메이드 어 미쓰테익]

너는 실수를 했어.

We broke up last month.
[위 브로(우)크 엎 라스트 먼뜨(th)][래스트 먼뜨(th)]

우리는 지난달에 헤어졌어.

They left Korea in May.
[데(th)이 레프(f)트 코뤼-아 인 메이]

그들은 5월에 한국을 떠났어.

He grew up in Canada.
[히 그루(r)- 엎 인 캐나다]

그는 캐나다에서 자랐어.

She gave it to me.
[쉬 게이브(v) 잍 투 미]

그녀가 나에게 그것을 줬어.

It happened last night.
[잍 해픈드 라스트 나잍][래스트 나잍]

그 일은 어젯밤에 일어났어.

＊문장을 더 자세하게 말하는 법: 부사(초록), 전치사 + 명사(파랑)

1 나는 나의 무릎을 다쳤어.

🎤 I hurt my knee.

2 너는 실수를 했어.

🎤 You

3 우리는 지난달에 헤어졌어.

🎤 We

4 그들은 5월에 한국을 떠났어.

🎤 They

5 그는 캐나다에서 자랐어.

🎤 He

6 그녀가 나에게 그것을 줬어.

🎤 She

7 그 일은 어젯밤에 일어났어.

🎤 It

≪ 정답은 앞 페이지에서 확인하세요.

과거에 한 일 부정하기

주어 **didn't** 동사원형.

[~ 디든(트) ~]

[~ 디른(트) ~]

주어는 동사하지 **않았어.**

★ didn't은 did not을 줄인 형태입니다.

핵심설명

과거에 하지 않은 일 또는 **과거에 일어나지 않은 일**에 대해서 말할 때는, **주어** 다음에 **didn't 동사원형**을 쓰면 됩니다. 이때 쓰인 **did**는 부정문을 만들기 위한 보조적인 역할을 하며, 이것은 '**~을 했(었)다**'라는 뜻의 **일반동사 과거형 did**와 관련이 없습니다.

 <주어 didn't + 동사원형> 문장 살펴보기

예 **work** : (사람) 일하다, (사물) 효과 있다, 작동하다

I didn't work.	나는 일을 하지 않았어.
You didn't work.	너는 일을 하지 않았어.
We didn't work.	우리는 일을 하지 않았어.
They didn't work.	그들은 일을 하지 않았어.
He didn't work.	그는 일을 하지 않았어.
She didn't work.	그녀는 일을 하지 않았어.
It didn't work.	❶ 그것은 효과 없었어.
	❷ 그것은 작동하지 않았어.

동사 표현	1번 말하고 한 칸 체크 ☑☐☐☐☐

open it
[오(우)픈 잍][오(우)쁜 잍]

그것을 열다

tell the truth
[텔 더(th) 츠루-뜨(th)][트루-뜨(th)]

진실/사실을 말하다

order this
[올(r)-덜(r) 디(th)쓰]

이것을 주문하다

show up
[쑈우 엎]

나타나다

pay me back
[페이 미 백]

나에게 돈을 갚다

believe me
[빌리-브(v) 미]

내 말을 믿다

fit me
[퓥 미][퓌트 미]

(사이즈가) 나에게 맞다

주어 **didn't** + 동사원형.   주어는 동사하지 **않았어**.

I didn't open it.
[아이 디든(트) 오(우)픈 잍]

나는 그것을 열지 않았어.

You didn't tell the truth.
[유 디든(트) 텔 더(th) 츠루-뜨(th)]

너는 진실을 말하지 않았어.

We didn't order this.
[위 디든(트) 올(r)-덜(r) 디(th)쓰]

우리는 이것을 주문하지
않았어요.

They didn't show up.
[데(th)이 디든(트) 쑈우 엎]

그들은 나타나지 않았어.

He didn't pay me back.
[히 디든(트) 페이 미 백]

그는 나에게 돈을 갚지
않았어.

She didn't believe me.
[쉬 디든(트) 빌리-브(v) 미]

그녀는 내 말을 믿지 않았어.

It didn't fit me.
[잍 디든(트) 퓥 미]

그것은 나에게 (사이즈가)
맞지 않았어.

1 나는 그것을 열지 않았어.

🎙 I didn't open it.

2 너는 진실을 말하지 않았어.

🎙 You didn't

3 우리는 이것을 주문하지 않았어요.

🎙 We didn't

4 그들은 나타나지 않았어.

🎙 They didn't

5 그는 나에게 돈을 갚지 않았어.

🎙 He didn't

6 그녀는 내 말을 믿지 않았어.

🎙 She didn't

7 그것은 나에게 (사이즈가) 맞지 않았어.

🎙 It didn't

≪ 정답은 앞 페이지에서 확인하세요.

미래에 할 일 말하기

주어 **will** 동사원형. = 주어'**ll** 동사원형.
[~ 윌 ~]

I [아이]	**+**	**am going to** [앰 고(우)잉 투]		
You [유] **We** [위] **They** [데(th)이]	**+**	**are going to** [알(r) 고(우)잉 투]	**+**	동사원형
He [히] **She** [쉬] **It** [잍]	**+**	**is going to** [E즈(z) 고(우)잉 투]		

주어는 동사할 거야.

★ 'll은 will을 줄인 형태입니다.

[핵심설명]

미래에 할 일에 대해서 말할 때, **주어** 다음에 **will 동사원형** 또는 **주어** 다음에
be going to 동사원형을 쓰면 됩니다.

[알아둘 것] 부록 01 참고

미래에 할 일 또는 계획에 대해서 말할 때 쓰이는 **be going to 동사원형**에서
be동사는 **주어에 맞게** am, are, is로 바꿔 써야 합니다.

문장을 더 자세하게 말하는 법

❶ 완벽한 문장 + 부사

I'll do it + again. 나는 그것을 다시 할 거야.

동사 표현	1번 말하고 한 칸 체크 ☑☐☐☐☐

do it
[두 잍]

그것을 하다

change the world
[체인쥐 더(th) 월(r/l)-드]

세상을 바꾸다

regret it
[뤼그뤹 잍][뤼그뤠륕]

그것을 후회하다

become good friends
[비컴 귿 프뤤즈(z)]

좋은 친구가 되다

adopt a baby
[어닾트 어 베이비]

아기를 입양하다

get married
[겥 매뤼드]

결혼하다

move to Seoul
[무-브(v) 투 쓰울]

서울로 이사 가다

> 주어 **will** + 동사원형.
> 주어 **be going to** + 동사원형.
>
> 주어는 동사할 거야.

I'll do it again.
[아일 두 잍 어겐]

나는 그것을 다시 할 거야.
(미래)

It'll change the world.
[E를 체인쥐 더(th) 월(r/l)-드]

그것은 세상을 바꿀 거야.
(미래)

You'll regret it.
[유을 뤼그뤨 잍]

너는 그것을 후회할 거야.
(미래)

They'll become good friends.
[데(이)을 비컴 귿 프뤤즈(z)]

그들은 좋은 친구가
될 거야. (미래)

We're going to adopt a baby.
[위얼(r) 고(우)잉 투 어닾트 어 베이비]

우리는 아기를 입양할
거야. (미래 계획)

He's going to get married next month.
[히즈(z) 고(우)잉 투 겥 매뤼드 넥쓰트 먼뜨(th)]

그는 다음 달에 결혼을
할 거야. (미래 계획)

She's going to move to Seoul.
[쉬즈(z) 고(우)잉 투 무-브(v) 투 쏘울]

그녀는 서울로 이사를
갈 거야. (미래 계획)

＊문장을 더 자세하게 말하는 법: 부사(초록)

1 나는 그것을 다시 할 거야. (미래)

🎙 **I'll do it again.**

2 그것은 세상을 바꿀 거야. (미래)

🎙 **It'll**

3 너는 그것을 후회할 거야. (미래)

🎙 **You'll**

4 그들은 좋은 친구가 될 거야. (미래)

🎙 **They'll**

5 우리는 아기를 입양할 거야. (미래 계획)

🎙 **We're going to**

6 그는 다음 달에 결혼을 할 거야. (미래 계획)

🎙 **He's going to**

7 그녀는 서울로 이사를 갈 거야. (미래 계획)

🎙 **She's going to**

《 정답은 앞 페이지에서 확인하세요.

미래에 할 일 부정하기

주어 **will not** 동사원형. ═ 주어 **won't** 동사원형.
[~ 윌 낱 ~]   [~ 워운(트) ~]

I [아이]	+	**am not going to** [앰 낱 고(우)잉 투]		
You [유] **We** [위] **They** [데(th)이]	+	**are not going to** [알(r) 낱 고(우)잉 투]	+	동사원형
He [히] **She** [쉬] **It** [잍]	+	**is not going to** [E즈(z) 낱 고(우)잉 투]		

주어는 동사하지 않을 거야.

핵심설명

미래에 하지 않을 일에 대해서 말할 때는 **주어** 다음에 **won't 동사원형** 또는 **be not going to 동사원형**을 쓰면 됩니다. 또한 **be not going to 동사원형**에서 **be동사**는 **주어에** 맞게 am, are, is로 바꿔 써야 합니다.

알아둘 것

*축약형 모음

will = 'll	will not = won't	I am = I'm
You are = You're	We are = We're	They are = They're
He is = He's	She is = She's	It is = It's

동사 표현	1번 말하고 한 칸 체크 ☑☐☐☐☐

run away
[륀 어웨이]

도망가다

happen
[해픈][해쁜]

(일, 사건이)
발생하다, 일어나다

believe this
[빌리-브(v) 디(th)쓰]

이것을 믿다,
이 말을 믿다

travel abroad
[츠뤠블(v) 어브뤄-드][트뤠블(v) 어브로-드]

해외여행을 하다

forget you
[폴(f/r)겥 유][풜(r)겥 유]

너를 잊다

change
[체인쥐]

바뀌다, 변하다

change her mind
[체인쥐 헐(r) 마인드]

그녀의 마음을 바꾸다

주어 **be not going to** + 동사원형.
주어 **won't** + 동사원형.

주어는 동사하지 **않을 거야.**

I'm not going to run away.
[아임 낱 고(우)잉 투 륀 어웨이]

나는 도망가지
않을 거야. (미래)

It's not going to happen again.
[잍츠 낱 고(우)잉 투 해픈 어겐]

그런 일은 다시는
일어나지 않을 거야.
(미래)

You're not going to believe this.
[유얼(r) 낱 고(우)잉 투 빌리-브(v) 디(th)쓰]

너는 이것을 믿지
않을 거야. (미래)

They're not going to travel abroad.
[데(th)얼(r) 낱 고(우)잉 투 츠뤠블(v) 어브뤄-드]

그들은 해외여행을 하지
않을 거야. (미래)

We won't forget you.
[위 워운(트) 폴(f/r)겥 유]

우리는 너를 잊지
않을 거야. (미래)

He won't change.
[히 워운(트) 체인쥐]

그는 바뀌지 않을 거야.
(미래)

She won't change her mind.
[쉬 워운(트) 체인쥐 헐(r) 마인드]

그녀는 그녀의 마음을
바꾸지 않을 거야.
(미래)

＊문장을 더 자세하게 말하는 법: 부사(초록)

171

1 나는 도망가지 않을 거야. (미래)

🎤 I'm not going to run away.

2 그런 일은 다시는 일어나지 않을 거야. (미래)

🎤 It's not going to

3 너는 이것을 믿지 않을 거야. (미래)

🎤 You're not going to

4 그들은 해외여행을 하지 않을 거야. (미래)

🎤 They're not going to

5 우리는 너를 잊지 않을 거야. (미래)

🎤 We won't

6 그는 바뀌지 않을 거야. (미래)

🎤 He won't

7 그녀는 그녀의 마음을 바꾸지 않을 거야. (미래)

🎤 She won't

《 정답은 앞 페이지에서 확인하세요.

Plus 3 미래를 나타내는
will vs. be going to

🎧 MP3 34-3

will : 말하는 순간 결정한 것
be going to : 말하기 전에 이미 계획 또는 결정한 것

★ 예문을 보고 차이를 이해해 보세요.

| 상황1 | 쇼핑을 하다가 마음에 드는 것을 찾은 상황 |

나 이거 살래.
I'll buy this.
[아일 바이 디(th)쓰]

| 상황2 | 길을 가다가 도움이 필요해 보이는 친구를 만난 상황 |

내가 (너를) 도와줄게.
I'll help you.
[아일 헬프 유]

| 상황3 | 차를 사려고 열심히 돈을 모은 상황 |

나 새 차를 살 거야.
I'm going to buy a new car.
[아임 고(우)잉 투 바이 어 뉴- 칼(r)-]

| 상황4 | 주말의 계획에 대해 누군가 물어본 상황 |

나 머리 자를 거야.
I'm going to get a haircut.
[아임 고(우)잉 투 겔 어 헤얼(r)컽]

《 Unit 33, Unit 34의 예문을 보며 복습해 보세요.

PART
03

실전 회화 과정

Chapter

04

의문사 없이 질문하고 대답하기
_ YES/NO 대답

어션영어 YouTube

현재의 기분, 상태, 직업, 위치 묻고 답하기

Are you 형용사?

[알(r) 유 ~?]

너는 형용사하니?

I am hungry. 나는 배고파.

Are you hungry? 너는 배고프니?

Are you 명사?

[알(r) 유 ~?]

너는 명사니?

I am Kate. 나는 Kate야.

Are you Kate? 네가 Kate니?

Are you 전치사+명사?

[알(r) 유 ~?]

너는 명사에 있니?

I am at home. 나는 집에 있어.

Are you at home? 너는 집에 있니?

핵심설명 1

be동사를 이용한 **질문**은 **주어**와 **be동사**의 **자리**를 바꾼 후, 문장 끝에 물음표를 쓰면 됩니다. 단, **be동사**는 **주어**에 맞게 써야 합니다.

예 I + am   He/She/It + is   You/We/They + are

핵심설명 2

질문에서 **주어**가 **You**(너)인 경우, **I**(나)로 대답합니다.

질문: **Are you hungry?** 너 배고프니?

대답: **Yes, I'm hungry.** 응, 나 배고파.

Are you ~?

1번 말하고 한 칸 체크 ☑☐☐☐☐

Are you okay?
[알(r) 유 오(우)케이?]

너 괜찮니?

Are you Chinese?
[알(r) 유 챠이니-즈(z)?]

너는 중국 사람이니?

＊이 문장의 Chinese는 '중국 사람인'이라는
뜻의 형용사입니다.

Are you a student?
[알(r) 유 어 스튜-든트?]

너는 학생이니?

Are you a teacher?
[알(r) 유 어 티-철(r)?]

너는 선생님이니?

Are you at home?
[알(r) 유 앹 호움?][알(r) 유 앹 홈-?]

너는 집에 있니?

Are you in Seoul?
[알(r) 유 인 쏘울?]

너는 서울에 있니?

＊형용사(빨강), 명사(초록), 전치사 + 명사(파랑)

A: Are you okay?
[알(r) 유 오(우)케이?]

B: Yes, I'm okay.
[예쓰, 아임 오(우)케이]

No, I'm not okay.
[노(우), 아임 낱 오(우)케이]

너 괜찮니?

응, 나는 괜찮아.

아니, 나는 괜찮지 않아.

A: Are you Chinese?
[알(r) 유 챠이니-즈(z)?]

B: Yes, I'm Chinese.
[예쓰, 아임 챠이니-즈(z)]

No, I'm Korean.
[노(우), 아임 코뤼-언]

너는 중국 사람이니?

응, 나는 중국 사람이야.

아니, 나는 한국 사람이야.

A: Are you a student?
[알(r) 유 어 스튜-든트?]

B: Yes, I'm a student.
[예쓰, 아임 어 스튜-든트]

No, I'm not a student.
[노(우), 아임 낱 어 스튜-든트]

너는 학생이니?

응, 나는 학생이야.

아니, 나는 학생이 아니야.

짧게 답하기	
Yes, I am. [예쓰, 아이 앰]	**No, I am not.** = **No, I'm not.** [노(우), 아이 앰 낱] [노(우), 아임 낱]

A: Are you a teacher?
[알(r) 유 어 티-쳘(r)?]

너는 선생님이니?

B: Yes, I'm a teacher.
[예쓰, 아임 어 티-쳘(r)]

응, 나는 선생님이야.

No, I'm not a teacher.
[노(우), 아임 낱 어 티-쳘(r)]

아니, 나는 선생님이 아니야.

A: Are you at home?
[알(r) 유 앹 호움?]

너는 집에 있니?

B: Yes, I'm at home.
[예쓰, 아임 앹 호움]

응, 나는 집에 있어.

No, I'm at work.
[노(우), 아임 앹 월(r)-크]

아니, 나는 회사에 있어.

A: Are you in Seoul?
[알(r) 유 인 쏘울?]

너는 서울에 있니?

B: Yes, I'm in Seoul.
[예쓰, 아임 인 쏘울]

응, 나는 서울에 있어.

No, I'm in Incheon.
[노(우), 아임 인 인천]

아니, 나는 인천에 있어.

짧게 답하기		
Yes, I am. [예쓰, 아이 앰]	**No, I am not.** [노(우), 아이 앰 낱]	**= No, I'm not.** [노(우), 아임 낱]

180

과거의 기분, 상태, 직업, 위치 묻고 답하기

Were you 형용사?
[월(r) 유 ~?]
너는 형용사했(었)니?

I was hungry. 나는 배고팠어.

Were you hungry? 너는 배고팠니?

Were you 명사?
[월(r) 유 ~?]
너는 명사였니?

I was a teacher. 나는 선생님이었어.

Were you a teacher? 너는 선생님이었니?

Were you 전치사+명사?
[월(r) 유 ~?]
너는 명사에 있었니?

I was at home. 나는 집에 있었어.

Were you at home? 너는 집에 있었니?

★ am, is의 과거형은 was이고, are의 과거형은 were입니다.

핵심설명 **1**

be동사를 이용한 **질문**은 **주어**와 **be동사**의 **자리**를 바꾼 후, 문장 끝에 물음표를 쓰면 됩니다.

핵심설명 **2**

질문에서 **주어**가 **You(너)**인 경우, **I(나)**로 대답합니다.

질문: **Were you hungry?** 너 배고팠니?
대답: **Yes, I was hungry.** 응, 나 배고팠어.

Were you ~?

1번 말하고 한 칸 체크 ☑☐☐☐☐

Were you hungry?
[월(r) 유 헝그뤼?]

너 배고팠니?

Were you busy?
[월(r) 유 비지(z)?]

너 바빴니?

Were you a cook?
[월(r) 유 어 쿡?]

너는 요리사였니?

Were you an English major?
[월(r) 유 언 잉글리쉬 메이젤(r)?]

너는 영어 전공자였니?

Were you in the car?
[월(r) 유 인 더(th) 칼(r)-?]

너는 차 안에 있었니?

Were you in the kitchen?
[월(r) 유 인 더(th) 키친?]

너는 주방에 있었니?

＊형용사(빨강), 명사(초록), 전치사 + 명사(파랑)

이제 질문에 대답해 볼까요? 🎧 MP3 36-2

A: Were you hungry?
[월(r) 유 헝그뤼?]

너 배고팠니?

B: Yes, I was hungry.
[예쓰, 아이 워즈(z) 헝그뤼]

응, 나 배고팠어.

No, I wasn't hungry.
[노(우), 아이 워즌(트) 헝그뤼]

아니, 나는 배고프지 않았어.

A: Were you busy?
[월(r) 유 비지(z)?]

너 바빴니?

B: Yes, I was busy.
[예쓰, 아이 워즈(z) 비지(z)]

응, 나 바빴어.

No, I wasn't busy.
[노(우), 아이 워즌(트) 비지(z)]

아니, 나는 바쁘지 않았어.

A: Were you a cook?
[월(r) 유 어 쿡?]

너는 요리사였니?

B: Yes, I was a cook.
[예쓰, 아이 워즈(z) 어 쿡]

응, 나는 요리사였어.

No, I was a server.
[노(우), 아이 워즈(z) 어 썰(r)-뷜(r)]

아니, 나는 서빙하는
사람이었어.

짧게 답하기	
Yes, I was. [예쓰, 아이 워즈(z)]	**No, I wasn't.** [노(우), 아이 워즌(트)]

A: Were you an English major?

[월(r) 유 언 잉글리쉬 메이절(r)?]

너는 영어 전공자였니?

B: Yes, I was.

[예쓰, 아이 워즈(z)]

응, 나는 영어 전공자였어.

No, I wasn't.

[노(우), 아이 워즌(트)]

아니, 나는 영어 전공자가 아니었어.

A: Were you in the car?

[월(r) 유 인 더(th) 칼(r)-?]

너는 차 안에 있었니?

B: Yes, I was.

[예쓰, 아이 워즈(z)]

응, 나는 차 안에 있었어.

No, I wasn't.

[노(우), 아이 워즌(트)]

아니, 나는 차 안에 있지 않았어.

A: Were you in the kitchen?

[월(r) 유 인 더(th) 키친?]

너는 주방에 있었니?

B: Yes, I was.

[예쓰, 아이 워즈(z)]

응, 나는 주방에 있었어.

No, I wasn't.

[노(우), 아이 워즌(트)]

아니, 나는 주방에 있지 않았어.

짧게 답하기	
Yes, I was. [예쓰, 아이 워즈(z)]	**No, I wasn't.** [노(우), 아이 워즌(트)]

지금 하고 있는 일 묻고 답하기

Are you 동사ing?

[알(r) 유 ~?]

너는 동사하고 있는 중이니? (직역)
너는 (지금) 동사하고 있니? (의역)

핵심설명

I am crying.	나는 울고 있어.
Are you crying?	너는 울고 있니?

지금 하고 있는 중인 일에 대해서 말할 때 주로 쓰이는 **be동사 + 동사ing**에도 **be동사**가 들어가기 때문에, **질문**을 할 때 **주어**와 **be동사**의 자리를 바꾼 후 **문장 끝에 물음표**를 쓰면 됩니다.

<Are you 동사ing?> 대답하기

긍정 대답	**Yes, I'm 동사ing.** = **Yes, I am.** [예쓰, 아임 ~]　　　　　[예쓰, 아이 앰] 응, 나는 동사하고 있어. 응, 나는 동사하고 있는 중이야.
부정 대답	**No, I'm not 동사ing.** = **No, I'm not.** [노(우), 아임 낱 ~]　　　　[노(우), 아임 낱] 아니, 나는 동사하고 있지 않아. 아니, 나는 동사하고 있는 중이 아니야.

Are you 동사ing? 1번 말하고 한 칸 체크 ☑☐☐☐☐

Are you crying?
[알(r) 유 크롸(이)잉?]

너는 울고 있니?

Are you using this?
[알(r) 유 유징(z) 디(th)쓰?]

너는 이것을 사용하고 있니?

Are you watching TV?
[알(r) 유 와-칭 티-뷔-?]

너는 TV를 보고 있니?

Are you waiting for Tom?
[알(r) 유 웨이링 폴(f/r) 탐?]

너는 Tom을 기다리고 있니?

Are you reading the newspaper?
[알(r) 유 뤼-딩 더(th) 뉴즈(z)페이펄(r)?]

너는 그 신문을 읽고 있니?

Are you wearing jeans?
[알(r) 유 웨어륑 진-쓰?]

너는 청바지를 입고 있니?

MP3 37-2

A: Are you crying?
[알(r) 유 크롸(이)잉?]

너 울고 있니?

B: Yes, I am.
[예쓰, 아이 앰]

응, 나는 울고 있어.

No, I'm not.
[노(우), 아임 낱]

아니, 나는 울고 있지 않아.

A: Are you using this?
[알(r) 유 유징(z) 디(th)쓰?]

너는 이것을 사용하고 있니?

B: Yes, I am.
[예쓰, 아이 앰]

응, 나는 그것을 사용하고 있어.

No, I'm not.
[노(우), 아임 낱]

아니, 나는 그것을 사용하고 있지 않아.

A: Are you watching TV?
[알(r) 유 와-칭 티-뷔-?]

너는 TV를 보고 있니?

B: Yes, I am.
[예쓰, 아이 앰]

응, 나는 TV를 보고 있어.

No, I'm not.
[노(우), 아임 낱]

아니, 나는 TV를 보고 있지 않아.

A: Are you waiting for Tom?
[알(r) 유 웨이링 폴(f/r) 탐?]

너는 Tom을 기다리고 있니?

B: Yes, I am.
[예쓰, 아이 앰]

응, 나는 Tom을 기다리고 있어.

No, I'm not.
[노(우), 아임 낱]

아니, 나는 Tom을 기다리고 있지 않아.

A: Are you reading the newspaper?
[알(r) 유 뤼-딩 더(th) 뉴즈(z)페이펄(r)?]

너는 그 신문을 읽고 있니?

B: Yes, I am.
[예쓰, 아이 앰]

응, 나는 그 신문을 읽고 있어.

No, I'm not.
[노(우), 아임 낱]

아니, 나는 그 신문을 읽고 있지 않아.

A: Are you wearing jeans?
[알(r) 유 웨어륑 진-쓰?]

너는 청바지를 입고 있니?

B: Yes, I am.
[예쓰, 아이 앰]

응, 나는 청바지를 입고 있어.

No, I'm not.
[노(우), 아임 낱]

아니, 나는 청바지를 입고 있지 않아.

평소, 일반적으로 하는 일 묻고 답하기

Do you 동사원형?
[두 유 ~?]

(평소, 일반적으로) 너는 동사하니?

핵심설명

| You **study** hard. | 너는 공부를 열심히 해. |
| **Do** you **study** hard? | 너는 공부를 열심히 하니? (평소, 일반적으로) |

상대방에게 **평소, 일반적으로 하는 일**에 대해서 물어볼 때, 〈Do you **동사원형**?〉
형태를 씁니다.

〈Do you 동사원형?〉 대답하기

| 긍정
대답 | **Yes, I 동사원형.** = **Yes, I do.**
[예쓰, 아이 ~]　　　[예쓰, 아이 두]
　　　　　　　　　응, 나는 (평소, 일반적으로) 동사해. |
| 부정
대답 | **No, I don't 동사원형.** = **No, I don't.**
[노(우), 아이 돈-(트) ~]　　[노(우), 아이 돈-(트)]
　　　　　　　　아니, 나는 (평소, 일반적으로) 동사하지 않아. |

Do you + 동사원형?

1번 말하고 한 칸 체크 ☑☐☐☐☐

Do you live alone?
[두 유 리브(v) 얼로운?]

너는 혼자 사니?

Do you live near here?
[두 유 리브(v) 니얼(r) 히얼(r)?]

니는 이 근처에 사니?

Do you eat seafood?
[두 유 E트 씨-푸(f)드?]

너는 해산물을 먹니?
(평소)

Do you smoke?
[두 유 스모(우)크?]

너 담배 피워?
(평소, 일반적으로)

Do you speak English?
[두 유 스피크 잉글리쉬?]

너는 영어를 말할 수 있니?
(의역)

Do you work out?
[두 유 월(r)-크 아웉?]

너는 운동을 하니?
(평소, 일반적으로)

A: Do you live alone?

[두 유 리브(v) 얼로운?]

너는 혼자 사니?

B: Yes, I live alone.

[예쓰, 아이 리브(v) 얼로운]

응, 나는 혼자 살아.

No, I live with my parents.

[노(우), 아이 리브(v) 위드(th) 마이 페어뤈츠]

아니, 나는 나의 부모님과 함께 살아.

A: Do you live near here?

[두 유 리브(v) 니얼(r) 히얼(r)?]

너는 이 근처에 사니?

B: Yes, I do.

[예쓰, 아이 두]

응, 나는 이 근처에 살아.

No, I don't.

[노(우), 아이 돈-(트)]

아니, 나는 이 근처에 살지 않아.

A: Do you eat seafood?

[두 유 트트 씨-푸(f)드?]

너는 해산물을 먹니? (평소)

B: Yes, I do.

[예쓰, 아이 두]

응, 나는 해산물을 먹어.

No, I don't like seafood.

[노(우), 아이 돈-(트) 라잌- 씨-푸(f)드]

아니, 나는 해산물을 좋아하지 않아.

A: Do you smoke?
[두 유 스모(우)크?]

너 담배 피워?

B: Yes, I do.
[예쓰, 아이 두]

응, 나는 담배를 피워.

No, I don't.
[노(우), 아이 돈-(트)]

아니, 나는 담배를 피우지 않아.

A: Do you speak English?
[두 유 스피크 잉글리쉬?]

너는 영어를 말할 수 있니? (의역)

B: Yes, I speak English.
[예쓰, 아이 스피크 잉글리쉬]

응, 나는 영어를 말할 수 있어.

Just a little bit.
[져스트 어 리를 빝]

조금 (할 수 있어).

A: Do you work out?
[두 유 월(r)-크 아웉?]

너는 운동을 하니?

B: Yes, I do.
[예쓰, 아이 두]

응, 나는 운동을 해.

No, I don't.
[노(우), 아이 돈-(트)]

아니, 나는 운동을 하지 않아.

현재 상태에 대해 묻고 답하기
(예외적인 일반동사)

Do you 동사원형?

[두 유 ~?]

너는 동사하니?

★ 진행형이 아니지만, 지금 현재의 상태를 나타냅니다.

핵심설명

〈**Do you 동사원형?**〉 형태의 질문은 주로 **평소** 또는 **일반적으로 하는 일**에 대해서 물어볼 때 쓰입니다.

하지만 〈**Do you 동사원형?**〉 형태로 질문을 했을 때, **평소** 또는 **일반적으로 하는 일**이 아닌 **현재의 상태**를 나타내는 **예외적인 경우**가 있습니다.

have	~을 가지고 있다	like	~을 좋아하다	know	~을 알다
want	~을 원하다	prefer	~을 선호하다	believe	~을 믿다
need	~이 필요하다	hate	~을 싫어하다	remember	~을 기억하다

 〈use vs. need(예외)〉 비교하기

Do you **use** this? 너는 (평소) 이것을 사용하니?	**Are** you **using** this? 너는 (지금) 이것을 사용하고 있니?
Do you **need** this? 너는 (지금) 이것이 필요하니?	Are you needing this? (틀린 문장) (★ need는 진행형을 쓸 수 없습니다.)

Do you + 동사원형? 1번 말하고 한 칸 체크 ☑☐☐☐☐

Do you have a fever?
[두 유 해브(v) 어 퓌-붤(r)?]

너는 열이 있니? (의역)

Do you like movies?
[두 유 라잌- 무-뷔즈(z)?]

너는 영화를 좋아하니?

Do you want some water?
[두 유 원(트) 썸 워-럴(r)?]

너 물 마실래? (의역)

Do you need help?
[두 유 니-드 헬프?]

너는 도움이 필요하니?

Do you believe me?
[두 유 빌리-브(v) 미?]

너는 내 말을 믿니? (의역)

Do you remember me?
[두 유 뤼멤벌(r) 미?]

너는 나 기억하니?

A: Do you have a fever?
[두 유 해브(v) 어 퓌-붤(r)?]

너는 열이 있니? (의역)

B: Yes, I do.
[예쓰, 아이 두]

응, 나는 열이 있어.

No, I don't.
[노(우), 아이 돈-(트)]

아니, 나는 열이 없어.

A: Do you like movies?
[두 유 라익- 무-뷔즈(z)?]

너는 영화를 좋아하니?

B: Yes, I do.
[예쓰, 아이 두]

응, 나는 영화를 좋아해.

No, I don't.
[노(우), 아이 돈-(트)]

아니, 나는 영화를
좋아하지 않아.

A: Do you want some water?
[두 유 원(트) 썸 워-럴(r)?]

너 물 마실래? (의역)

B: Yes, please.
[예쓰, 플리-즈(z)]

응, 부탁해.

No, thank you.
[노(우), 땡(th)크 유]

아니, 괜찮아. (의역)

A: Do you need help?
[두 유 니-드 헬프?]

너는 도움이 필요하니?

B: Yes, please.
[예쓰, 플리-즈(z)]

응, 부탁해.

No, I don't.
[노(우), 아이 돈-(트)]

아니, 나는 도움이
필요하지 않아.

A: Do you believe me?
[두 유 빌리-브(v) 미?]

너는 내 말을 믿니?

B: Yes, I do.
[예쓰, 아이 두]

응, 나는 네 말을 믿어.

No, I don't.
[노(우), 아이 돈-(트)]

아니, 나는 네 말을
믿지 않아.

A: Do you remember me?
[두 유 뤼멤벌(r) 미?]

너는 나 기억하니?

B: Of course.
[어브(v) 콜(r)-쓰]

물론이지.

I'm sorry. Do I know you?
[아임 쏘-뤼. 두 아이 노(우) 유?]

죄송한데, 저를 아세요?
(의역)

196

과거에 한 일 묻고 답하기

Did you 동사원형?

[디드 유 ~?]

[디쥬- ~?]

너는 동사했니?

핵심설명 동사 과거형의 종류 (Unit 20 참고)

| You **worked** hard. | 너는 열심히 일을 했어. |
| **Did** you **work** hard? | 너는 열심히 일을 했니? |

과거에 한 일 또는 **과거에 일어난 일**에 대해서 물어볼 때는 **주어**에 관계없이
⟨**Did + 주어 + 동사원형?**⟩의 형태로 씁니다. **주어**가 **You**(너)인 경우에는
⟨**Did you 동사원형?**⟩이라고 말하면 됩니다.

⟨Did you 동사원형?⟩ 대답하기

| 긍정
대답 | **Yes, I 동사 과거형.**
[예쓰, 아이 ~] | **= Yes, I did.**
[예쓰, 아이 디드]

응, 나는 동사했(었)어. |
| 부정
대답 | **No, I didn't 동사원형.**
[노(우), 아이 디든(트) ~] | **= No, I didn't.**
[노(우), 아이 디든(트)]

아니, 나는 동사하지 않았어. |

Did you + 동사원형?

1번 말하고 한 칸 체크 ☑☐☐☐☐

Did you sleep well?
[디드 유 슬맆- 웰?]

너 잘 잤니?

Did you enjoy the trip?
[디드 유 인죠이 더(th) 츠맆?]

여행 즐거웠니? (의역)

Did you get a haircut?
[디드 유 겥 어 헤얼(r)컽?]

너 머리 잘랐니?

Did you see a doctor?
[디드 유 씨- 어 닥털(r)?]

너 병원에 갔다 왔니? (의역)

Did you go to work yesterday?
[디드 유 고(우) 투 월(r)-크 예스털(r)데이?]

너 어제 출근했니?

Did you miss me?
[디드 유 미쓰 미?]

너는 내가 보고 싶었니?

＊상세하게 질문하는 법: 부사(초록)

A: **Did you sleep well?**
[디드 유 슬맆- 웰?]

너 잘 잤니?

B: **Yes, I did.**
[예쓰, 아이 디드]

응, 나는 잘 잤어.

No, I didn't.
[노(우), 아이 디든(트)]

아니, 나는 잘 자지 못했어.

A: **Did you enjoy the trip?**
[디드 유 인죠이 더(th) 츠맆?]

여행 즐거웠니? (의역)

B: **Yes, I did.**
[예쓰, 아이 디드]

응, 나는 여행이 즐거웠어.

No, I didn't.
[노(우), 아이 디든(트)]

아니, 나는 여행이
즐겁지 않았어.

A: **Did you get a haircut?**
[디드 유 겥 어 헤얼(r)컽?]

너 머리 잘랐니?

B: **Yes, I did.**
[예쓰, 아이 디드]

응, 나는 머리를 잘랐어.

No, I didn't.
[노(우), 아이 디든(트)]

아니, 나는 머리를
자르지 않았어.

A: Did you see a doctor?
[디드 유 씨- 어 닥털(r)?]

너 병원에 갔다 왔니? (의역)

B: Yes, I did.
[예쓰, 아이 디드]

응, 나는 병원에 갔다 왔어.

No, I didn't.
[노(우), 아이 디든(트)]

아니, 나는 병원에
갔다 오지 않았어.

A: Did you go to work yesterday?
[디드 유 고(우) 투 월(r)-크 예스털(r)데이?]

너 어제 출근했니?

B: Yes, I did.
[예쓰, 아이 디드]

응, 나는 어제 출근했어.

No, I didn't.
[노(우), 아이 디든(트)]

아니, 나는 어제
출근하지 않았어.

A: Did you miss me?
[디드 유 미쓰 미?]

너는 내가 보고 싶었니?

B: Yes, I did.
[예쓰, 아이 디드]

응, 나는 네가 보고 싶었어.

No, I didn't.
[노(우), 아이 디든(트)]

아니, 나는 네가
보고 싶지는 않았어.

미래에 할 일 묻고 답하기

Will you 동사원형**?**

[윌 유 ~?]

1. 너는 동사할 거니?
2. (당신) 동사해 주시겠어요?

Are you going to 동사원형**?**

[알(r) 유 고(우)잉 투 ~?]

1. 너는 동사할 거니?
2. (너) 동사할 계획이니?

핵심설명

I **will call** Kate.	내가 Kate에게 전화할게.
Will you **call** Kate?	네가 Kate에게 전화할 거니?

Will을 써서 **미래에 할 일**에 대해 질문하거나 **공손하게 요청**할 때는, **주어**와 **Will**의 **자리를 바꾼** 후 문장 끝에 물음표를 씁니다. **주어**가 **You**(너)인 경우에 〈**Will you** 동사원형**?**〉이라고 말하면 됩니다.

I **am going to** take a taxi.	나는 택시를 탈 거야.
Are you **going to** take a taxi?	너는 택시를 탈 거니?

be going to를 써서 **미래에 할 일** 또는 **계획**에 대해서 말할 때는, **주어**와 **be동사**의 **자리를 바꾼** 후 문장 끝에 물음표를 씁니다. **주어**가 **You**(너)인 경우에 〈**Are you going to** 동사원형**?**〉이라고 말하면 됩니다.

〈Will you 동사원형? / Are you going to 동사원형?〉 짧게 대답하기

긍정 대답	**Yes, I will.** [예쓰, 아이 윌]	**Yes, I am.** [예쓰, 아이 앰]	응, 나는 동사할 거야.
부정 대답	**No, I won't.** [노(우), 아이 워운트]	**No, I'm not.** [노(우), 아임 낱]	아니, 나는 동사 안 할 거야.

Will you + 동사원형?
Are you going to + 동사원형?

1번 말하고 한 칸 체크 ☑☐☐☐☐

Will you marry me?
[윌 유 매뤼 미?]

저와 결혼해 주시겠어요?

Will you try it on?
[윌 유 츠롸이 잍 온?]

너 그거 입어 볼래?

Will you take a nap?
[윌 유 테익 어 냎?]

너는 낮잠을 잘 거니?

Are you going to buy a watch?
[알(r) 유 고(우)잉 투 바이 어 와-취?]

너는 손목시계를 살 거니?

Are you going to go to the party?
[알(r) 유 고(우)잉 투 고(우) 투 더(th) 파뤼?]

너는 그 파티에 갈 거니?

Are you going to visit your hometown?
[알(r) 유 고(우)잉 투 뷔짙 유얼(r) 홈-타운?]

너는 너의 고향에 방문할 거니?

A: Will you marry me?
[윌 유 매뤼 미?]

저와 결혼해 주시겠어요?

B: Yes.
[예쓰]

네.

I'm sorry I can't.
[아임 쏘-뤼 아이 캔(트)]

미안하지만, 저는 (당신과) 결혼할 수 없어요.

A: Will you try it on?
[윌 유 츠롸이 잍 온?]

너 그거 입어 볼래?

B: Okay.
[오(우)케이]

응.

No.
[노(우)]

아니.

A: Will you take a nap?
[윌 유 테익 어 냎?]

너는 낮잠을 잘 거니?

B: Yes, I will.
[예쓰, 아이 윌]

응, 나는 낮잠을 잘 거야.

No, I won't.
[노(우), 아이 워운(트)]

아니, 나는 낮잠을 자지 않을 거야.

A: Are you going to buy a watch?
[알(r) 유 고(우)잉 투 바이 어 와-취?]
너는 손목시계를 살 거니?

B: Yes, I am.
[예쓰, 아이 앰]
응. 나는 손목시계를 살 거야.

No, I'm not.
[노(우), 아임 낱]
아니. 나는 손목시계를 사지 않을 거야.

A: Are you going to go to the party?
[알(r) 유 고(우)잉 투 고(우) 투 더(th) 파뤼?]
너는 그 파티에 갈 거니?

B: Yes, I am.
[예쓰, 아이 앰]
응, 나는 그 파티에 갈 거야.

No, I'm not.
[노(우), 아임 낱]
아니, 나는 그 파티에 가지 않을 거야.

A: Are you going to visit your hometown?
[알(r) 유 고(우)잉 투 뷔짙 유얼(r) 홈-타운?]
너는 너의 고향에 방문할 거니?

B: Yes, I am.
[예쓰, 아이 앰]
응, 나는 나의 고향에 방문할 거야.

No, I'm not.
[노(우), 아임 낱]
아니, 나는 나의 고향에 방문하지 않을 거야.

경험에 대해 묻고 답하기

Have you ever been (to) 장소?

[해뷰(v) 에붤(r) 빈 투 ~?]

너는 ~에 가본 적 있니?

Have you ever 과거분사(p.p.)?

[해뷰(v) 에붤(r) ~?]

너는 ~해본 적 있니?

핵심설명 부록 05 참고

※ 과거분사(p.p)

영어의 동사는 [동사원형-과거형-과거분사(p.p.)]의 3단계 변화형을 가지고 있습니다. 규칙 과거형인 경우에는 과거형과 과거분사(p.p.)는 같은 형태를 가지며, 불규칙 과거형인 경우에는 과거분사(p.p.)를 따로 학습해야 합니다.

<Have you ever been (to) 장소? /
Have you ever 과거분사(p.p.)? 짧게 대답하기>

긍정 대답	**Yes, I have.** [예쓰, 아이 해브(v)]	응, 나는 ~에 가본 적 있어. 응, 나는 ~해본 적 있어.
부정 대답	**No, I haven't.** [노(우), 아이 해븐(v)(트)]	아니, 나는 ~에 가본 적 없어. 아니, 나는 ~해본 적 없어.

Have you ever been + (to) 장소?
Have you ever + 과거분사(p.p.)?

1번 말하고 한 칸 체크 ☑☐☐☐☐

Have you ever been there?
[해뷰(v) 에붤(r) 빈 데(th)얼(r)?]

너는 거기에
가본 적 있니?

Have you ever been here?
[해뷰(v) 에붤(r) 빈 히얼(r)?]

너는 여기에
와본 적 있니?

Have you ever been to Europe?
[해뷰(v) 에붤(r) 빈 투 유뤞?]

너는 유럽에
가본 적 있니?

Have you ever been to the restaurant?
[해뷰(v) 에붤(r) 빈 투 더(th) 뤠스터란트?]

너는 그 식당에
가본 적 있니?

Have you ever eaten Korean food?
[해뷰(v) 에붤(r) 잍은 코뤼-언 푸(f)드?]

너는 한국 음식을
먹어본 적 있니?

Have you ever read this book?
[해뷰(v) 에붤(r) 뤠-드 디(th)쓰 북-?]

너는 이 책을
읽어본 적 있니?

알아둘 것
1. **been**은 **be동사**의 과거분사(p.p.)입니다.
2. **Have you ever been there?**과 **Have you ever been here?**에서는 **there**과 **here** 앞에 **to**를 쓰지 않습니다. 그리고 **Have you ever been here?**은 '**너는 여기에 와본 적 있니?**'라고 예외적으로 해석됩니다.

이제 질문에 대답해 볼까요?   🎧 MP3 42-2

A: Have you ever been there?
[해유(v) 에뷜(r) 빈 데(th)얼(r)?]

너는 거기에 가본 적 있니?

B: Yes, I have.
[예쓰, 아이 해브(v)]

응, 나는 거기에 가본 적 있어.

No, I haven't.
[노(우), 아이 해븐(v)(트)]

아니, 나는 거기에 가본 적 없어.

A: Have you ever been here?
[해유(v) 에뷜(r) 빈 히얼(r)?]

너는 여기에 와본 적 있니?

B: Yes, I have.
[예쓰, 아이 해브(v)]

응, 나는 여기에 와본 적 있어.

No, I haven't.
[노(우), 아이 해븐(v)(트)]

아니, 나는 여기에 와본 적 없어.

A: Have you ever been to Europe?
[해유(v) 에뷜(r) 빈 투 유뤞?]

너는 유럽에 가본 적 있니?

B: Yes, I have.
[예쓰, 아이 해브(v)]

응, 나는 유럽에 가본 적 있어.

No, I haven't.
[노(우), 아이 해븐(v)(트)]

아니, 나는 유럽에 가본 적 없어.

A: Have you ever been to the restaurant?

[해뷰(v) 에붤(r) 빈 투 더(th) 뤠스터롼트?]

너는 그 식당에 가본 적 있니?

B: Yes, I have.

[예쓰, 아이 해브(v)]

응, 나는 그 식당에
가본 적 있어.

No, I haven't.

[노(우), 아이 해븐(v)(트)]

아니, 나는 그 식당에
가본 적 없어.

A: Have you ever eaten Korean food?

[해뷰(v) 에붤(r) 잍은 코뤼-언 푸(f)드?]

너는 한국 음식을 먹어본 적
있니?

B: Yes, I have.

[예쓰, 아이 해브(v)]

응, 나는 한국 음식을
먹어본 적 있어.

No, I haven't.

[노(우), 아이 해븐(v)(트)]

아니, 나는 한국 음식을
먹어본 적 없어.

A: Have you ever read this book?

[해뷰(v) 에붤(r) 뤠-드 디(th)쓰 북-?]

너는 이 책을 읽어본 적 있니?

B: Yes, I have.

[예쓰, 아이 해브(v)]

응, 나는 그 책을
읽어본 적 있어.

No, I haven't.

[노(우), 아이 해븐(v)(트)]

아니, 나는 그 책을
읽어본 적 없어.

허락/요청하기

Can I 동사원형?
Could I 동사원형?
May I 동사원형?

제가 ~할 수 있을까요?
제가 ~해도 되나요?

Can I see your passport?
[캔 아이 씨- 유얼(r) 패쓰폴(r)트?]

당신의 여권을
보여주시겠어요? (의역)

Could I get some water?
[쿠드 아이 겥 썸 워-럴(r)?]

물 좀 주시겠어요? (의역)

May I come in?
[메이 아이 컴 인?]

제가 들어가도 되나요?

Can you 동사원형?
Could you 동사원형?
Would you 동사원형?

~해주시겠어요? (직역)
~해주실 수 있나요? (의역)

Can you show me your ID?
[캔 유 쑈우 미 유얼(r) 아이디?]

당신의 신분증을
보여주시겠어요? (의역)

Could you do me a favor?
[쿠드 유 두 미 어 풰이붤(r)?]

제 부탁 하나
들어주시겠어요? (의역)

Would you help me?
[우(드) 유 헬프 미?]

저를 도와주시겠어요? (의역)

Chapter
05

의문사로 질문하고 대답하기
_ 자주 쓰는 의문사 기본회화

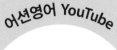

어션영어 YouTube

통째로 알아두면 좋은 의문사(Wh-) 묻고 답하기

의문사(Wh-)

| Who (누구) |
| What (무엇) |
| Where (어디) |
| When (언제) |
| Why (왜) |
| How (어떻게) |
| How much (얼마) |

+ is **+** 명사?
was

누구 / 무엇 / 어디에 / 언제 / 왜 / 어떻게 / 얼마
명사는 ~하니?/~니?
명사는 ~했니?/~였니?

★ is의 과거형은 was입니다.

핵심설명

＊대표적인 의문사(Wh-) : 5W 1H

Who [후-]	What [왙]	Where [웨얼(r)]	When [웬]	Why [와이]	How [하우]
누구	무엇, 어떤	어디(에서)	언제	왜	어떻게, 얼마나

의문사를 이용한 **be동사 의문문**은 〈**의문사 + be동사 + 주어** (+α)?〉 형태로 씁니다. **주어 자리**에는 **명사**를 씁니다.
+α 자리에는 주로 **형용사** 또는 [**전치사＋명사**]가 오며, **명사**가 오는 경우도 있습니다.

알아둘 것

How much는 '얼마' 또는 '얼마니 많이'라는 뜻으로 주로 쓰이며, 통째로 암기해두면 좋습니다.

의문사(Wh-) + be동사 + 명사 (+α)?   1번 말하고 한 칸 체크 ☑☐☐☐☐

Who is he?
[후- 트즈(z) 히?]

그는 누구니?

What is this?
[왙 트즈(z) 디(th)쓰?]

이것은 뭐니?

Where is the restroom?
[웨얼(r) 트즈(z) 더(th) 뤠스트룸(r)-?]

화장실은 어디에 있니?

Where was it?
[웨얼(r) 워즈(z) 잍?]

그것은 어디에 있었니?

When is your birthday?
[웬 트즈(z) 유얼(r) 벌(r)-뜨(th)데이?]

너의 생일은 언제니?

Why is it so expensive?
[와이 트즈(z) 잍 쏘(우) 익쓰펜씨브(v)?]

그것은 왜 그렇게 비싸니?

How was the movie?
[하우 워즈(z) 더(th) 무-뷔?]

그 영화는 어땠니?

How much is it?
[하우 머취 트즈(z) 잍?]

그것은 얼마니?

A: Who is he?
[후- 트즈(z) 히?]

그는 누구니?

B: He's my English teacher.
[히즈(z) 마이 잉글리쉬 티-쳘(r)]

그는 나의 영어 선생님이야.

A: What is this?
[왈 트즈(z) 디(th)쓰?]

이것은 뭐니?

B: It's a dictionary.
[잍츠 어 딕셔너뤼]

그것은 사전이야.

A: Where is the restroom?
[웨얼(r) 트즈(z) 더(th) 뤠스트룸(r)-?]

화장실은 어디에 있니?

B: It's over there.
[잍츠 오(우)붤(r) 데(th)얼(r)]

(손으로 가리키며)
그것은 저기에 있어.

A: Where was it?
[웨얼(r) 워즈(z) 잍?]

그것은 어디에 있었니?

B: It was under the table.
[잍 워즈(z) 언덜(r) 더(th) 테이블]

그것은 탁자 아래에 있었어.

A: When is your birthday?

[웬 E즈(z) 유얼(r) 벌(r)-뜨(th)데이?]

너의 생일은 언제니?

B: My birthday is July 7th.

[마이 벌(r)-뜨(th)데이 E즈(z) 쥴-라이 쎄븐(v)뜨(th)]

나의 생일은 7월 7일이야.

A: Why is it so expensive?

[와이 E즈(z) 잍 쏘(우) 익쓰펜씨브(v)?]

그것은 왜 그렇게 비싸니?

B: I don't know.

[아이 돈-(트) 노(우)]

나도 몰라.

A: How was the movie?

[하우 워즈(z) 더(th) 무-뷔?]

그 영화는 어땠니?

B: It was great.

[잍 워즈(z) 그뤠이트]

(그것은) 정말 좋았어.

A: How much is it?

[하우 머취 E즈(z) 잍?]

그것은 얼마니?

B: It's $12.

[잍츠 트웰브(v) 달럴(l/r)쓰]

(그것은) 12달러야.

의문사(Wh-)로 너에 대해 묻고 답하기

의문사(Wh-)

| Who (누구) |
| ~~What (무엇)~~ |
| Where (어디) |
| When (언제) |
| Why (왜) |
| How (어떻게) |

+ **are**
were + **you?**

누구 /~~무엇~~/ 어디에 / 언제 / 왜 / 어떻게
너는 ~하니?/~니?
너는 ~했니?/~였니?

★ are의 과거형은 were입니다.

핵심설명

의문사를 이용한 **be동사 의문문**은 〈**의문사** + **be동사** + **주어** (+α)?〉 형태로 씁니다. **주어**가 you인 경우에는 〈**의문사** + **are** + **you** (+α)?〉 또는 〈**의문사** + **were** + **you** (+α)?〉 형태로 씁니다. +α자리에는 주로 **형용사** 또는 [**전치사** + **명사**]가 오며, **명사**가 오는 경우도 있습니다.

알아둘 것

What are you?라는 표현은 상대방이 욕설, 무례한 말 또는 말도 안 되는 소리를 할 때, 그에 대한 공격적인 대답으로 주로 쓰는 표현이므로 가능하면 사용하지 않는 것이 좋습니다.

의문사(Wh-) + are/were + you (+α)? 1번 말하고 한 칸 체크 ☑☐☐☐☐

Who are you?
[후- 알(r) 유?]

넌 누구니?

Where are you?
[웨얼(r) 알(r) 유?]

너 어디에 있니?
(너 어디야?)

Where were you?
[웨얼(r) 월(r) 유?]

너는 어디에 있었니?

When were you born?
[웬 월(r) 유 본(r/n)-?]

너는 언제 태어났니?

Why are you upset?
[와이 알(r) 유 엎쎝?]

너 왜 화났니?

Why are you in the hospital?
[와이 알(r) 유 인 더(th) 하쓰피를?]

너 왜 입원했니?
(현재 입원한 상태)

How are you?
[하우 알(r) 유?]

❶ 안녕하세요?
❷ 너 어때? (기분, 상태)

STEP 02 이제 질문에 대답해 볼까요?　　　🎧 MP3 44-2

A: Who are you?
[후- 알(r) 유?]

넌 누구니?

B: I'm Kate.
[아임 케이트]

나는 Kate야.

A: Where are you?
[웨얼(r) 알(r) 유?]

너 어디에 있니?
(너 어디야?)

B: I'm in the office.
[아임 인 디(th) 어-퓌쓰]

나는 사무실에 있어.

A: Where were you?
[웨얼(r) 월(r) 유?]

너는 어디에 있었니?

B: I was in the yard.
[아이 워즈(z) 인 더(th) 얄(r)-드]

나는 마당에 있었어.

A: When were you born?
[웬 월(r) 유 본(r/n)-?]

너는 언제 태어났니?

B: I was born in 1999.
[아이 워즈(z) 본(r/n)- 인 나인틴- 나인티 나인]

나는 1999년에 태어났어.

A: Why are you upset?
[와이 알(r) 유 엎쎁?]

너 왜 화났니?

B: I argued with my husband.
[아이 알(r)-규드 위드(th) 마이 허즈(z)번드]

나는 나의 남편과
말다툼을 했어.

A: Why are you in the hospital?
[와이 알(r) 유 인 더(th) 하쓰피를?]

너 왜 입원했니?
(현재 입원한 상태)

B: I had a car accident.
[아이 해드 어 칼(r)- 액씨든트]

나는 차 사고가 났어.

A: How are you?
[하우 알(r) 유?]

❶ 안녕하세요?
❷ 너 어때? (기분, 상태)

B: I'm good.
[아임 귿]

좋아.

Pretty good.
[프뤼리 귿]

꽤 좋아.

Not bad.
[낟 배드]

나쁘지 않아.

UNIT 45 의문사(Wh-)로 지금 하고 있는 일 묻고 답하기

의문사(Wh-)

Who (누구)
What (무엇)
Where (어디)
~~When (언제)~~
Why (왜)
How (어떻게)

+

are you 동사ing?
[알(r) 유 ~?]

누구를 / 무엇을 / 어디에서 / ~~언제~~ / 왜 / 어떻게
너는 동사하고 있니?

핵심설명

의문사를 이용하여 **지금하고 있는 일**에 대해 말할 때, **주어**가 **you(너)**인 경우에는 〈**의문사 + are you 동사ing?**〉 형태로 씁니다.

알아둘 것 부록 01 참고

의문사 When을 이용한 **현재진행형 질문**은 **지금 하고 있는 일**이 아니라 **미래의 계획된 일**에 대해 말할 때 쓰입니다.

예 **When are you leaving?** 너는 언제 떠날 거니? (미래의 계획된 일)

 의문사(What)를 이용한 질문 만들기

❶　　**Are you cooking?** 너는 요리하고 있니?

❷ **What are you cooking?** 너는 무엇을 요리하고 있니?
　　①의 Yes/No 질문 앞에 의문사(what)를 넣어 무엇을 요리하는지 자세히 물어볼 수 있습니다.

의문사(Wh-) + are you 동사ing?　　1번 말하고 한 칸 체크 ☑☐☐☐☐

What are you doing?
[왙 알(r) 유 두잉?]

너 무엇을 하고 있니?

What are you eating?
[왙 알(r) 유 E-링?]

너 무엇을 먹고 있니?

Who are you waiting for?
[후- 알(r) 유 웨이링 폴(f/r)?]

너 누구를 기다리고 있니?

Who are you talking to?
[후- 알(r) 유 토-킹 투?]

너 누구와 이야기하고 있어?

Where are you going?
[웨얼(r) 알(r) 유 고(우)잉?]

너 어디에 가고 있어?

Where are you drinking?
[웨얼(r) 알(r) 유 드륑킹?]

너 어디에서 술 마시고 있니?

Why are you crying?
[와이 알(r) 유 크롸잉?]

너 왜 울고 있니?

How are you feeling today?
[하우 알(r) 유 필-링 트데이?]

너 오늘 기분이 어때?

＊상세하게 질문하는 법: 부사(초록)

A: **What** are you doing?
[왙 알(r) 유 두잉?]

너 무엇을 하고 있니?

B: **I'm** looking for a bottle opener.
[아임 룩킹 폴(f/r) 어 바를 오(우)쁘널(r)]

나는 병따개를 찾고 있는 중이야.

A: **What** are you eating?
[왙 알(r) 유 E-링?]

너 무엇을 먹고 있니?

B: **I'm** not eating anything.
[아임 낱 E-링 에니띵(th)]

나는 아무것도 먹고 있지 않아.

A: **Who** are you waiting for?
[후- 알(r) 유 웨이링 폴(f/r)?]

너 누구를 기다리고 있니?

B: **I'm** waiting for Kate.
[아임 웨이링 폴(f/r) 케이트]

나는 Kate를 기다리고 있어.

A: **Who** are you talking to?
[후- 알(r) 유 토-킹 투?]

너 누구와 이야기하고 있어?

B: **I'm** talking to my mom.
[아임 토-킹 투 마이 맘]

나는 (나의) 엄마와 이야기를 하고 있어.

A: Where are you going?

[웨얼(r) 알(r) 유 고(우)잉?]

B: I'm going to the park.

[아임 고(우)잉 투 더(th) 팔(r)-크]

너 어디에 가고 있어?

나는 공원에 가고 있어.

A: Where are you drinking?

[웨얼(r) 알(r) 유 드링킹?]

B: I'm drinking at home.

[아임 드링킹 앹 호움]

너 어디에서
술 마시고 있니?

나는 집에서
술을 마시고 있어.

A: Why are you crying?

[와이 알(r) 유 크롸잉?]

B: Because I'm sad.

[비커-즈(z) 아임 쌔드]

너 왜 울고 있니?

나는 슬프기 때문이야.

A: How are you feeling today?

[하우 알(r) 유 퓔-링 트데이?]

B: Not bad.

[낱 배드]

너 오늘 기분이 어때?

나쁘지 않아.

UNIT 46

의문사(Wh-)로 평소, 일반적으로 하는 일 묻고 답하기

의문사(Wh-)

Who (누구)
What (무엇)
Where (어디)
When (언제)
Why (왜)
How (어떻게)
How often (얼마나 자주)

\+ **do you 동사원형?**
[두 유 ~?]

누구를 / 무엇을 / 어디에서 / 언제 / 왜 / 어떻게 / 얼마나 자주
너는 (평소, 일반적으로) 동사하니?

핵심설명

의문사를 이용하여 **평소** 또는 **일반적으로 하는 일**에 대해서 물어볼 때, **주어**가 **you(너)**인 경우에는 〈**의문사** + **do you** + **동사원형?**〉의 형태로 씁니다.

질문을 할 때 **주어 you**의 뜻이 **너** 또는 **당신**인 경우, 대답을 할 때 **주어**로 **I(나)**를 씁니다.

의문사(Why)를 이용한 질문 만들기

❶ **Do you drink?** 너는 술 마시니? (평소, 일반적으로)

❷ **Why do you drink?** 너는 술을 왜 마시니? (평소, 일반적으로)

①의 Yes/No 질문 앞에 의문사(why)를 넣어 왜 술을 마시는지 자세히 물어볼 수 있습니다.

의문사(Wh-) + do you 동사원형? 1번 말하고 한 칸 체크 ☑☐☐☐☐

What do you do?
[왙 두 유 두?]

너는 무슨 일을 하니?
(직업을 묻는 질문)

What do you do in your free time?
[왙 두 유 두 인 유얼(r) 프(f)뤼- 타임?]

너는 자유 시간에 무엇을 하니? (평소, 일반적으로)

Where do you live?
[웨얼(r) 두 유 리브(v)?]

너는 어디에 사니?
(일반적 사실)

Who do you live with?
[후- 두 유 리브(v) 위드(th)?]

너는 누구와 함께 사니?
(일반적 사실)

When do you study English?
[웬 두 유 스터디 잉글리쉬?]

너는 언제 영어를 공부하니? (평소)

Why do you work out?
[와이 두 유 월(r)-크 아웉?]

너는 왜 운동을 하니?
(평소)

How do you spell your last name?
[하우 두 유 스펠 유얼(r) 라스트 네임?][래스트 네임?]

너의 성은 철자가 어떻게 되니? (의역)

How often do you take a walk?
[하우 어-픈(f) 두 유 테일 어 워-크?]

너는 얼마나 자주 산책을 하니?

＊상세하게 질문하는 법: 전치사 + 명사(파랑)

A: What do you do?
[왙 두 유 두?]

너는 무슨 일을 하니?
(직업을 묻는 질문)

B: I work in a bank.
[아이 월(r)-크 인 어 뱅크]

나는 은행에서 일해.

A: What do you do in your free time?
[왙 두 유 두 인 유얼(r) 프(f)뤼- 타임?]

너는 자유 시간에 무엇을 하니?

B: I study English.
[아이 스터디 잉글리쉬]

나는 영어를 공부해.

A: Where do you live?
[웨얼(r) 두 유 리브(v)?]

너는 어디에 사니?

B: I live in Seoul.
[아이 리브(v) 인 쏘울]

나는 서울에 살아.

A: Who do you live with?
[후- 두 유 리브(v) 위드(th)?]

너는 누구와 함께 사니?

B: I live with my parents.
[아이 리브(v) 위드(th) 마이 페어뤈츠]

나는 나의 부모님과
함께 살아.

A: When do you study English?
[웬 두 유 스터디 잉글리쉬?]

너는 언제 영어를 공부하니?

B: In the evening.
[인 디(th) E-브(v)닝]

저녁에 (공부해).

A: Why do you work out?
[와이 두 유 월(r)-크 아웉?]

너는 왜 운동을 하니?

B: For my health.
[폴(f/r) 마이 헬뜨(th)]

나의 건강을 위해서 (운동을 해).

A: How do you spell your last name?
[하우 두 유 스펠 유얼(r) 라스트 네임?]

너의 성은 철자가 어떻게 되니?

B: K-I-M.
[케이 아이 엠]

K-I-M이야.

A: How often do you take a walk?
[하우 어-픈(f) 두 유 테잌 어 워-크?]

너는 얼마나 자주 산책을 하니?

B: I take a walk every morning.
[아이 테잌 어 워-크 에브(v)뤼 몰(r)-닝]

나는 매일 아침 산책을 해.

의문사(Wh-)로 과거에 한 일 묻고 답하기

의문사(Wh-)

| Who (누구) |
| What (무엇) |
| Where (어디) |
| When (언제) |
| Why (왜) |
| How (어떻게) |

+ **did you 동사원형?**
[디드 유 ~?]
[디쥬 ~?]

누구를 / 무엇을 / 어디에서 / 언제 / 왜 / 어떻게
너는 동사했니?

핵심설명

의문사를 이용하여 **과거에 한 일** 또는 **과거에 일어난 일**에 대해서 물어볼 때, **주어**가 you인 경우에는 〈**의문사 + did you + 동사원형?**〉의 형태로 씁니다.
질문을 할 때 **주어 you**의 뜻이 **너** 또는 **당신**인 경우, 대답을 할 때 **주어**로 **I(나)**를 씁니다.

의문사(Where/When)를 이용한 질문 만들기

❶ **I got married in Seoul.**　　　　　나는 서울에서 결혼을 했어.

　Where did you get married?　　너는 어디에서 결혼을 했니?

❷ **I got married last year.**　　　　　나는 작년에 결혼을 했어.

　When did you get married?　　너는 언제 결혼을 했니?

의문사(Wh-) + **did you** 동사원형?　　1번 말하고 한 칸 체크 ☑☐☐☐☐

What did you do yesterday?

[왙 디쥬 두 예스털(r)데이?]

너는 어제 무엇을
했니?

What did you buy?

[왙 디쥬 바이?]

너는 무엇을 샀니?

Who did you go there with?

[후- 디쥬 고(우) 데(th)얼(r) 위드(th)?]

너는 거기에 누구와
함께 갔니?

When did you retire?

[웬 디쥬 뤼타이얼(r)?]

(당신은) 언제
은퇴하셨나요?

Where did you grow up?

[웨얼(r) 디쥬 그로(r)우 옆?]

너는 어디에서
자랐니?

Where did you see him?

[웨얼(r) 디쥬 씨- 힘?]

너는 어디에서
그를 봤니?

Why did you lie to me?

[와이 디쥬 라이 투 미?]

너는 왜 나에게
거짓말을 했니?

How did you know that?

[하우 디쥬 노(우) 댙(th)?]

너는 그것을
어떻게 알았니?

＊상세하게 질문하는 법: 부사(초록)

이제 질문에 대답해 볼까요?　　　　　　　　MP3 47-2

A: **What did you do yesterday?**
[왙 디쥬 두 예스털(r)데이?]

너는 어제 무엇을 했니?

B: **I spent time with my family.**
[아이 쓰펜트 타임 위드(th) 마이 풰믈리]

나는 나의 가족과
함께 시간을 보냈어.

A: **What did you buy?**
[왙 디쥬 바이?]

너는 무엇을 샀니?

B: **I bought a hat.**
[아이 보-트 어 햍]

나는 모자 한 개를 샀어.

A: **Who did you go there with?**
[후- 디쥬 고(우) 데(th)얼(r) 위드(th)?]

너는 거기에 누구와
함께 갔니?

B: **I went there with Kate.**
[아이 웬(트) 데(th)얼(r) 위드(th) 케이트]

나는 거기에 Kate와
함께 갔어.

A: **When did you retire?**
[웬 디쥬 뤼타이얼(r)?]

(당신은) 언제
은퇴하셨나요?

B: **I retired 10 years ago.**
[아이 뤼타이얼(r)드 텐 이열(r)즈(z) 어고(우)]

저는 10년 전에
은퇴했어요.

A: Where did you grow up?
[웨얼(r) 디쥬 그로(r)우 엎?]

너는 어디에서 자랐니?

B: I grew up in Seoul.
[아이 그루(r)- 엎 인 쏘울]

나는 서울에서 자랐어.

A: Where did you see him?
[웨얼(r) 디쥬 씨- 힘?]

너는 어디에서 그를 봤니?

B: I saw him at the airport.
[아이 쏘- 힘 앹 디(th) 에얼(r)폴(r)트]

나는 공항에서 그를 봤어.

A: Why did you lie to me?
[와이 디쥬 라이 투 미?]

너는 왜 나에게
거짓말을 했니?

B: I didn't lie to you.
[아이 디든(트) 라이 투 유]

나는 너에게
거짓말을 하지 않았어.

A: How did you know that?
[하우 디쥬 노(우) 댙(th)?]

너는 그것을 어떻게 알았니?

B: Tom told me.
[탐 톨-드 미]

Tom이 나에게 말해줬어.

UNIT 48 의문사(Wh-)로 미래에 할 일 묻고 답하기

의문사(Wh-)

Who (누구)
What (무엇)
Where (어디)
When (언제)
Why (왜)
How (어떻게)

+

will you 동사원형?
[윌 유 ~?]

are you going to 동사원형?
[알(r) 유 고(우)잉 투 ~?]

누구를 / 무엇을 / 어디에서 / 언제 / 왜 / 어떻게
너는 동사할 거니?

핵심설명

의문사를 이용하여 **미래에 할 일**에 대해서 물어볼 때, **주어**가 **you**인 경우에는
〈**의문사** + **will you** + **동사원형?**〉 또는
〈**의문사** + **are you going to** + **동사원형?**〉의 형태로 씁니다.
질문을 할 때 **주어 you**의 뜻이 **너** 또는 **당신**인 경우, 대답을 할 때 **주어**로 **I(나)**를
씁니다.

알아둘 것

미래의 계획에 대해서 말할 때 쓰이는 **be going to 동사원형**에서 **go**는 '**가다**'라는
뜻의 **일반동사**와는 아무런 관련이 없습니다.

예 **I am going to 동사원형**. 나는 ~을 할 것이다. / 나는 ~을 할 예정이다.

의문사(Wh-) + **will you** 동사원형?
의문사(Wh-) + **are you going to** 동사원형?

1번 말하고 한 칸 체크 ☑ ☐ ☐ ☐ ☐

What will you eat for lunch?
[왙 윌 유 잍- 폴(f/r) 런취?]

너는 점심 식사로
무엇을 먹을 거니?

Where will you go?
[웨얼(r) 윌 유 고(우)?]

너는 어디에 갈 거니?

When will you arrive?
[웬 윌 유 어롸이브(v)?]

너는 언제 도착할 거니?

How will you pay?
[하우 윌 유 페이?]

(당신은) 어떻게
계산하시겠습니까?

What are you going to do this weekend?
[왙 알(r) 유 고(우)잉 투 두 디(th)쓰 위켄드?]

너는 이번 주말에
무엇을 할 거니? (계획)

Who are you going to invite?
[후- 알(r) 유 고(우)잉 투 인봐이트?]

너는 누구를 초대할 거니?
(계획)

Why are you going to quit your job?
[와이 알(r) 유 고(우)잉 투 큍 유얼(r) 좝?]

너는 왜 너의 직장을
그만둘 거니?

How are you going to get there?
[하우 알(r) 유 고(우)잉 투 겥 데(th)얼(r)?]

너는 거기에 어떻게
갈 거니? (의역)

＊상세하게 질문하는 법: 부사(초록), 전치사 + 명사(파랑)

A: What will you eat for lunch?
[왙 윌 유 잍- 폴(f/r) 런취?]

너는 점심 식사로
무엇을 먹을 거니?

B: I'll eat pizza.
[아일 잍 핕-쩌]

나는 피자를 먹을 거야.

A: Where will you go?
[웨얼(r) 윌 유 고(우)?]

너는 어디에 갈 거니?

B: I'll go to the gym.
[아일 고(우) 투 더(th) 쥠]

나는 헬스장에 갈 거야.

A: When will you arrive?
[웬 윌 유 어롸이브(v)?]

너는 언제 도착할 거니?

B: I'll arrive on Monday.
[아일 어롸이브(v) 온 먼데이]

나는 월요일에 도착할 거야.

A: How will you pay?
[하우 윌 유 페이?]

(당신은) 어떻게
계산하시겠습니까?

B: In cash.
[인 캐쉬]

현금으로요.

A: What are you going to do this weekend?
[왙 알(r) 유 고(우)잉 투 두 디(th)쓰 위켄드?]

너는 이번 주말에
무엇을 할 거니? (계획)

B: I'm going to relax at home.
[아임 고(우)잉 투 륄랙쓰 앹 호움]

나는 집에서 쉴 거야.

A: Who are you going to invite?
[후- 알(r) 유 고(우)잉 투 인봐이트?]

너는 누구를 초대할
거니? (계획)

B: I'm going to invite Kate and Tom.
[아임 고(우)잉 투 인봐이트 케이트 앤(드) 탐]

나는 Kate와 Tom을
초대할 거야.

A: Why are you going to quit your job?
[와이 알(r) 유 고(우)잉 투 퀱 유얼(r) 잡?]

너는 왜 너의 직장을
그만둘 거니?

B: I'm going to start my own business.
[아임 고(우)잉 투 스딸(r)-트 마이 오운 비즈(z)니쓰]

나는 내 자신의
사업을 시작할 거야.

A: How are you going to get there?
[하우 알(r) 유 고(우)잉 투 겥 데(th)얼(r)?]

너는 거기에
어떻게 갈 거니?

B: By bus.
[바이 버쓰]

버스로.

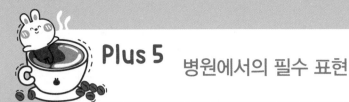

A: What seems to be the problem?

[왈 씸쓰 투 비 더(th) 프롸블럼?]

무엇이 문제인 것 같나요? (직역)

어디가 안 좋으세요? (의역)

B: I have a headache.

[아이 해브(v) 어 헤드에이크]

저는 두통이 있어요.

I have a stomachache.

[아이 해브(v) 어 스터먹에이크]

저는 복통이 있어요.

I have a toothache.

[아이 해브(v) 어 투-뜨(th)에이크]

저는 치통이 있어요.

I have a backache.

[아이 해브(v) 어 백에이크]

저는 요통이 있어요.

I have a fever.

[아이 해브(v) 어 퓌-붤(r)]

저는 열이 있어요.

I have a cough.

[아이 해브(v) 어 커프(f)][어 코프(f)]

저는 기침이 있어요.

I have a runny nose.

[아이 해브(v) 어 뤄니 노우즈(z)]

저는 콧물이 나요. (의역)

I have diarrhea.

[아이 해브(v) 다이어뤼-아]

저는 설사를 해요. (의역)

부록

쓰임	예문
1. will ① 미래에 대한 예측 ② 방금 결정한 즉흥적 미래 계획	① **It will rain tomorrow.** 내일은 비가 올 거야. (예측) ② **I'll call you back.** 내가 다시 전화 줄게. (즉흥적)
2. be going to ① 미래에 대한 예측 ② 이미 결정 또는 계획된 미래	① **It is going to rain tomorrow.** 내일은 비가 올 거야. (예측) ② **I'm going to buy a new car.** 나는 새 차를 살 거야. (이미 계획)
3. 일반동사 현재 진행형 : 이미 결정 또는 계획된 가까운 미래	**I'm leaving tomorrow.** 나는 내일 떠날 거야. (이미 계획) **I'm going to Seoul next week.** 나는 다음 주에 서울에 갈 거야. (이미 결정)
4. 일반동사 현재형 : 스케줄 또는 시간표로 정해진 미래	**The train departs at 4.** 그 기차는 4시에 출발해. (시간표) **The concert begins at 7.** 그 콘서트는 7시에 시작해. (스케줄)

핵심설명 1

일반동사 현재진행형은 **지금 하고 있는 중인 일**에 대해 말할 때 주로 쓰지만, **미래를 나타내는 표현**(tomorrow, this weekend 등)과 함께 쓰여, **이미 결정 또는 계획된 가까운 미래**에 대해서 말할 때도 자주 쓰입니다.

핵심설명 2

일반동사 현재형은 **평소, 일반적**으로 하는 것에 대해 말할 때 주로 쓰지만, **스케줄 또는 시간표로 정해진 미래**에 대해 말할 때도 쓸 수 있습니다! 특히, **대중교통**(비행기, 기차, 버스 등)의 **출발시간** 또는 **도착시간**, **영화** 및 **공연**의 **시작 시간** 또는 **끝나는 시간** 등에 대해 말할 때는 **일반동사 현재형**으로 **미래의 의미**를 나타내는 경우가 많습니다.

1	나는 배고파.	27	그는 인기 있어.	53	그것은 느려.
2	나는 목말라.	28	그녀는 수줍음이 많아.	54	그것은 달콤해.
3	나는 졸려.	29	그녀는 외향적이야.	55	그것은 (맛이) 짜.
4	나는 피곤해.	30	그녀는 살가워.	56	그것은 매워.
5	나는 아파.	31	그녀는 정직해.	57	그것은 (맛이) 써.
6	나는 바빠.	32	그녀는 용감해.	58	그것은 (맛이) 셔.
7	나는 준비가 되었어.	33	그녀는 책임감 있어.	59	그것은 기름져/느끼해.
8	나는 행복해.	34	그녀는 이상해.	60	그것은 신선해.
9	나는 화났어.	35	그것은 좋아.	61	그것은 즙이 많아.
10	나는 슬퍼.	36	그것은 안 좋아.	62	그것은 (육질이) 연해.
11	나는 우울해.	37	그것은 쉬워.	63	그것은 (육질이) 질겨.
12	나는 신나.	38	그것은 어려워.	64	(날씨) 화창해.
13	나는 긴장했어.	39	그것은 (가격이) 싸.	65	(날씨) 구름 꼈어.
14	나는 걱정돼.	40	그것은 비싸.	66	(날씨) 안개 꼈어.
15	나는 두려워.	41	그것은 새로워.	67	(날씨) 비가 와.
16	나는 놀랐어.	42	그것은 낡았어.	68	(날씨) 눈이 와.
17	나는 충격 받았어.	43	그것은 커.	69	(날씨) 바람이 불어.
18	너는 웃겨.	44	그것은 작아.	70	(날씨) 습해.
19	너는 친절해.	45	그것은 길어.	71	(날씨) 건조해.
20	너는 무례해.	46	그것은 짧아.	72	(날씨) 어두워.
21	너는 이기적이야.	47	그것은 무거워.	73	(날씨) 더워.
22	너는 미쳤어.	48	그것은 가벼워.	74	(날씨) 따뜻해.
23	그는 똑똑해.	49	그것은 깨끗해.	75	(날씨) 시원해.
24	그는 부유해.	50	그것은 더러워.	76	(날씨) 쌀쌀해.
25	그는 가난해.	51	그것은 역겨워.	77	(날씨) 추워.
26	그는 유명해.	52	그것은 빨라.	78	(날씨) 매우 추워.

1	I'm hungry.	27	He's popular.	53	It's slow.
2	I'm thirsty.	28	She's shy.	54	It's sweet.
3	I'm sleepy.	29	She's outgoing.	55	It's salty.
4	I'm tired.	30	She's friendly.	56	It's spicy.
5	I'm sick.	31	She's honest.	57	It's bitter.
6	I'm busy.	32	She's brave.	58	It's sour.
7	I'm ready.	33	She's responsible.	59	It's greasy.
8	I'm happy.	34	She's strange.	60	It's fresh.
9	I'm angry.	35	It's good.	61	It's juicy.
10	I'm sad.	36	It's bad.	62	It's tender.
11	I'm depressed.	37	It's easy.	63	It's tough.
12	I'm excited.	38	It's difficult.	64	It's sunny.
13	I'm nervous.	39	It's cheap.	65	It's cloudy.
14	I'm worried.	40	It's expensive.	66	It's foggy.
15	I'm afraid.	41	It's new.	67	It's rainy.
16	I'm surprised.	42	It's old.	68	It's snowy.
17	I'm shocked.	43	It's big.	69	It's windy.
18	You're funny.	44	It's small.	70	It's humid.
19	You're kind.	45	It's long.	71	It's dry.
20	You're rude.	46	It's short.	72	It's dark.
21	You're selfish.	47	It's heavy.	73	It's hot.
22	You're crazy.	48	It's light.	74	It's warm.
23	He's smart.	49	It's clean.	75	It's cool.
24	He's rich.	50	It's dirty.	76	It's chilly.
25	He's poor.	51	It's disgusting.	77	It's cold.
26	He's famous.	52	It's fast.	78	It's freezing.

다양한 주어로 질문하기

be동사

주어 + be동사(am, are, is) + 형용사. 주어는 형용사해. (현재 상태)	→	be동사(Am, Are, Is) + 주어 + 형용사? 주어는 형용사하니? (현재 상태)

I am cute.	나는 귀여워.	Am I cute?	나(는) 귀엽니?
You are cute.	너는 귀여워.	Are you cute?	너는 귀엽니?
We are cute.	우리는 귀여워.	Are we cute?	우리는 귀엽니?
They are cute.	그들은 귀여워.	Are they cute?	그들은 귀엽니?
He is cute.	그는 귀여워.	Is he cute?	그는 귀엽니?
She is cute.	그녀는 귀여워.	Is she cute?	그녀는 귀엽니?
It is cute.	그것은 귀여워.	Is it cute?	그것은 귀엽니?

주어 + be동사(was, were) + 형용사. 주어는 형용사했어. (과거 상태)	→	be동사(Was, Were) + 주어 + 형용사? 주어는 형용사했니? (과거 상태)

I was cute.	나는 귀여웠어.	Was I cute?	나는 귀여웠니?
You were cute.	너는 귀여웠어.	Were you cute?	너는 귀여웠니?
We were cute.	우리는 귀여웠어.	Were we cute?	우리는 귀여웠니?
They were cute.	그들은 귀여웠어.	Were they cute?	그들은 귀여웠니?
He was cute.	그는 귀여웠어.	Was he cute?	그는 귀여웠니?
She was cute.	그녀는 귀여웠어.	Was she cute?	그녀는 귀여웠니?
It was cute.	그것은 귀여웠어.	Was it cute?	그것은 귀여웠니?

주어 + be동사(am, are, is) + 동사ing. 주어는 (지금) 동사하고 있어.	→	be동사(Am, Are, Is) + 주어 + 동사ing? 주어는 (지금) 동사하고 있니?

I am working.	나는 일하고 있어.	Am I working?	내가 일하고 있니?
You are working.	너는 일하고 있어.	Are you working?	너는 일하고 있니?
We are working.	우리는 일하고 있어.	Are we working?	우리는 일하고 있니?
They are working.	그들은 일하고 있어.	Are they working?	그들은 일하고 있니?
He is working.	그는 일하고 있어.	Is he working?	그는 일하고 있니?
She is working.	그녀는 일하고 있어.	Is she working?	그녀는 일하고 있니?
It is working.	그것은 효과가 있어.	Is it working?	그것은 효과가 있니?

일반동사

| I / You / We / They + 동사원형.
He / She / It + 동사 + s,es.
주어는 (평소, 일반적으로) 동사해. | → | Do + I / you / we / they + 동사원형?
Does + he / she / it + 동사원형?
주어는 (평소, 일반적으로) 동사하니? |

I work.	나는 일을 해.		Do I work?	내가 일을 하니?
You work.	너는 일을 해.		Do you work?	너는 일을 하니?
We work.	우리는 일을 해.		Do we work?	우리는 일을 하니?
They work.	그들은 일을 해.		Do they work?	그들은 일을 하니?
He works.	그는 일을 해.		Does he work?	그는 일을 하니?
She works.	그녀는 일을 해.		Does she work?	그녀는 일을 하니?
It works.	그것은 효과가 있어.		Does it work?	그것은 효과가 있니?

| 주어 + 동사 과거형.
주어는 동사했어. | → | Did + 주어 + 동사원형?
주어는 동사했니? / 동사했었니? |

I worked.	나는 일을 했어.		Did I work?	내가 일을 했었니?
You worked.	너는 일을 했어.		Did you work?	너는 일을 했니?
We worked.	우리는 일을 했어.		Did we work?	우리는 일을 했니?
They worked.	그들은 일을 했어.		Did they work?	그들은 일을 했니?
He worked.	그는 일을 했어.		Did he work?	그는 일을 했니?
She worked.	그녀는 일을 했어.		Did she work?	그녀는 일을 했니?
It worked.	그것은 효과가 있었어.		Did it work?	그것은 효과가 있었니?

| 주어 + will 동사원형.
주어는 동사할 거야. | → | Will + 주어 + 동사원형?
주어는 동사할 거니? / 동사할까? |

I will work.	나는 일을 할 거야.		Will I work?	내가 일을 할까?
You will work.	너는 일을 할 거야.		Will you work?	너는 일을 할 거니?
We will work.	우리는 일을 할 거야.		Will we work?	우리는 일을 할 거니?
They will work.	그들은 일을 할 거야.		Will they work?	그들은 일을 할 거니?
He will work.	그는 일을 할 거야.		Will he work?	그는 일을 할 거니?
She will work.	그녀는 일을 할 거야.		Will she work?	그녀는 일을 할 거니?
It will work.	그것은 효과가 있을 거야.		Will it work?	그것은 효과가 있을까?

1. I can 동사원형.
[아이 캔 ~]
나는 동사할 수 있어.

I can do it.
나는 (그것을) 할 수 있어.

2. I can't 동사원형.
[아이 캔(트) ~]
나는 동사할 수 없어.

I can't do it.
나는 (그것을) 할 수 없어.

3. Can you 동사원형?
[캔 유 ~?]
너는 동사할 수 있니?

Can you fix it?
너는 그것을 고칠 수 있니?

4. Can you 동사원형?
[캔 유 ~?]

Can you close the door?
문을 닫아 주실 수 있나요?

Could you 동사원형?
[쿠드 유 ~?]
[쿠쥬 ~?]

Could you close the door?
문을 닫아 주실 수 있나요?

Would you 동사원형?
[우(드) 유 ~?]
[우쥬 ~?]

Would you close the door?
문을 닫아 주실 수 있나요?

동사를 해주시겠어요? (직역)
동사를 해주실 수 있나요? (의역)

5. Can I 동사원형?
[캔 아이 ~?]

Can I borrow a pen?
제가 볼펜을 빌릴 수 있을까요?

Could I 동사원형?
[쿠드 아이 ~?]
[쿠다이 ~?]

Could I borrow a pen?
제가 볼펜을 빌릴 수 있을까요?

May I 동사원형?
[메이 아이 ~?]
[메아이 ~?]

May I borrow a pen?
제가 볼펜을 빌릴 수 있을까요?

제가 동사를 해도 되나요?
제가 동사를 할 수 있을까요?

6. I should 동사원형.
[아이 슈드 ~]
나는 동사해야 해. (올바른 일)

I should study hard.
나는 열심히 공부를 해야 해.

7. You should 동사원형.
[유 슈드 ~]
너는 동사해야 해. (조언, 충고)

You should study hard.
너는 열심히 공부를 해야 해.

8. You shouldn't 동사원형.
[유 슈든(트) ~]
[유 슈른(트) ~]
너는 동사하면 안 돼. (조언, 충고)

You shouldn't do it.
너는 (그것을) 하면 안 돼.

9. I have to 동사원형.
[아이 해브(v) 투 ~]
나는 (반드시) 동사해야 해.

I have to go now.
나는 지금 가야 해.

10. You have to 동사원형.
[유 해브(v) 투 ~]
너는 (반드시) 동사해야 해.

You have to go now.
너는 지금 가야 해.

11. You don't have to 동사원형.
[유 돈-(트) 해브(v) 투 ~]
너는 동사할 필요는 없어.

You don't have to wait.
너는 기다릴 필요는 없어.

12. Do I have to 동사원형?
[두 아이 해브(v) 투 ~?]
내가 (반드시) 동사해야 하니?

Do I have to wait?
내가 기다려야 하니?

13. Why do I have to 동사원형?
[와이 두 아이 해브(v) 투 ~?]
내가 왜 동사해야 하니?

Why do I have to wait?
내가 왜 기다려야 하니?

	동사원형	과거	과거분사(p.p.)	대표 뜻
1	be	was / were	been	~이다, 있다
2	go	went	gone	가다
3	come	came	come	오다
4	eat	ate	eaten	먹다
5	drink	drank	drunk	마시다
6	do	did	done	하다
7	buy	bought	bought	사다
8	sell	sold	sold	팔다
9	give	gave	given	주다
10	feel	felt	felt	느끼다
11	hear	heard	heard	듣다
12	see	saw	seen	보다
13	tell	told	told	말해주다
14	say	said	said	말하다
15	speak	spoke	spoken	말하다
16	think	thought	thought	생각하다
17	know	knew	known	알다
18	forget	forgot	forgotten	잊다
19	meet	met	met	만나다
20	make	made	made	만들다

	동사원형	과거	과거분사(p.p.)	대표 뜻
21	have	had	had	가지고 있다
22	get	got	gotten	받다
23	take	took	taken	가져가다, 데려가다
24	bring	brought	brought	가져오다, 데려오다
25	become	became	become	～이 되다
26	leave	left	left	떠나다
27	sleep	slept	slept	자다
28	teach	taught	taught	가르치다
29	send	sent	sent	보내다
30	find	found	found	찾다, 발견하다
31	hide	hid	hidden	숨다, 숨기다
32	lend	lent	lent	빌려주다
33	pay	paid	paid	지불하다
34	begin	began	begun	시작하다
35	break	broke	broken	깨다
36	hurt	hurt	hurt	다치게 하다
37	put	put	put	놓다
38	lose	lost	lost	지다, 잃어버리다
39	win	won	won	이기다, 승리하다
40	wear	wore	worn	입다, 착용하다

	동사원형	과거	과거분사(p.p.)	대표 뜻
41	run	ran	run	달리다
42	sing	sang	sung	노래 부르다
43	swim	swam	swum	수영하다
44	throw	threw	thrown	던지다
45	catch	caught	caught	잡다
46	hit	hit	hit	치다, 때리다
47	lie	lay	lain	눕다
48	sit	sat	sat	앉다
49	stand	stood	stood	서다
50	understand	understood	understood	이해하다
51	read	*read	*read	읽다
52	write	wrote	written	(글을) 쓰다
53	steal	stole	stolen	훔치다
54	spend	spent	spent	(돈, 시간을) 사용하다
55	bite	bit	bitten	물다, 깨물다
56	build	built	built	건설하다
57	drive	drove	driven	운전하다
58	fly	flew	flown	날다
59	ride	rode	ridden	(말, 자전거를) 타다
60	fall	fell	fallen	떨어지다

	동사원형	과거	과거분사(p.p.)	대표 뜻
61	choose	chose	chosen	선택하다
62	hold	held	held	잡고 있다
63	keep	kept	kept	지키다
64	quit	quit	quit	관두다
65	shut	shut	shut	닫다
66	hang	hung	hung	걸다
67	cut	cut	cut	자르다
68	tear	tore	torn	찢다
69	beat	beat	beaten	두들겨 패다
70	draw	drew	drawn	그리다, 끌다
71	grow	grew	grown	자라다
72	fight	fought	fought	싸우다
73	shoot	shot	shot	(총) 쏘다
74	cost	cost	cost	~의 비용이 들다
75	wake up	woke up	woken up	(잠에서) 깨다
76	ring	rang	rung	벨이 울리다
77	mean	meant	meant	의미하다
78	blow	blew	blown	(바람이) 불다
79	rise	rose	risen	떠오르다
80	shine	shone	shone	반짝이다